全国小学生校园美文精品集萃丛书

七色阳光小少年

奶油瓜子

《语文报》编写组 编

时代文艺出版社

图书在版编目（CIP）数据

奶油瓜子/《语文报》编写组编. —长春：时代文艺出版社，2018.8（2023.6重印）

（"七色阳光小少年"全国小学生校园美文精品集萃丛书）

ISBN 978-7-5387-5928-0

Ⅰ.①奶… Ⅱ.①语… Ⅲ.①作文－小学－选集 Ⅳ.①H194.4

中国版本图书馆CIP数据核字（2018）第135827号

出 品 人　陈　琛
产品总监　郭力家
责任编辑　田　野
助理编辑　吕　天
装帧设计　孙　利
排版制作　隋淑凤

本书著作权、版式和装帧设计受国际版权公约和中华人民共和国著作权法保护
本书所有文字、图片和示意图等专有使用权为时代文艺出版社所有
未事先获得时代文艺出版社许可
本书的任何部分不得以图表、电子、影印、缩拍、录音和其他任何手段
进行复制和转载，违者必究

奶油瓜子

《语文报》编写组 编

出版发行/时代文艺出版社
地址/长春市福祉大路5788号　龙腾国际大厦A座15层　邮编/130118
总编办/0431-81629751　发行部/0431-81629758
官方微博/weibo.com/tlapress
印刷/北京一鑫印务有限责任公司
开本/700mm×980mm　1/16　字数/153千字　印张/11
版次/2018年8月第1版　印次/2023年6月第5次印刷　定价/34.80元

图书如有印装错误　请寄回印厂调换

编 委 会

主　　编：刘应伦
编　　委：刘应伦　赵　静　李音霞
　　　　　郭　斐　刘瑞霞　王素红
　　　　　金星闪　周　起　华晓隽
　　　　　何发祥　朱晓东　陈　颖
　　　　　段岩霞　刘学强

本册主编：金星闪　金春山

目 录

纸蝴蝶风筝

奶油瓜子 .... 左灵灵 / 002

十年一梦 .... 李　莉 / 003

痛苦的过去 .... 吴　琛 / 005

我的三次生命 .... 周俊宇 / 007

五月一号 .... 李木子 / 008

纸蝴蝶风筝 .... 左灵灵 / 010

白杨的等待 .... 何　帆 / 012

心情的雨刮 .... 王乐颖 / 014

幸福的味道 .... 汪　瑞 / 016

我的幸福时光 .... 崔佳琪 / 017

幸福的脚步 .... 孙昊哲 / 019

如果时间重来 .... 甘政瑞 / 020

遗忘的蟹爪兰 .... 崔宇扬 / 022

心的感悟 .... 高元瑞 / 024

错过 .... 刘逸萱 / 025

成长的滋味 .... 徐未尧 / 027

成长的喜悦 .... 罗天宇 / 029

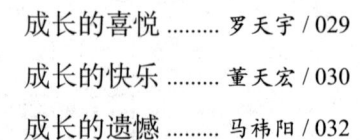

成长的快乐 .... 董天宏 / 030

成长的遗憾 .... 马祎阳 / 032

那天雨一直下

那天雨一直下 .... 汪明瑞 / 036

不想说再见 .... 郑志轩 / 037

梦回童年 .... 陈　浩 / 039

追忆童年的快乐时光 .... 刘亚璇 / 041

我们班的"智能管家" .... 晋品婕 / 043

"两面派"赵老师 .... 熊旻昊 / 045

上官小何 .... 吴云鹏 / 046

"石头"记 .... 王海博 / 048

黑哥 .... 王乐舒 / 049

活宝"赵烦人" .... 沈悦珺 / 051

风雨中的妈妈 .... 张志飞 / 052

感谢有你 .... 李浩清 / 053

感谢有你 .... 江卓睿 / 055

感谢有你 .... 朱海波 / 057

我的乐园 .... 李墨承 / 059

我的快乐时光 .... 任程伟 / 060

我的快乐时光 .... 肖旭东 / 062

屋顶上的那棵树

捉鱼记 .... 夏子睿 / 066

钓龙虾 ……… 许　潆 / 067

挑战"大喇叭" ……… 杨洪涛 / 069

风景 ……… 袁欣然 / 070

我的"奥利奥" ……… 张艳宏 / 073

我们班的"小明" ……… 陆彦祖 / 074

我们班的"小明" ……… 杨佳琳 / 075

我们班的"哭宝宝" ……… 王宇辰 / 077

我发现平凡的美 ……… 江彩婷 / 079

屋顶上的那棵树 ……… 谢安琪 / 080

错过才懂得珍惜 ……… 申　欣 / 082

最平凡处的风景 ……… 梁嘉芮 / 083

牛人刘成林 ……… 卫彦青 / 085

数学"大牛"李黑 ……… 杨思瑞 / 088

牛人杨宇晨 ……… 许志远 / 090

晒晒我们班的牛人 ……… 秦梦涵 / 092

桌上的莲蓬 ……… 陈宜乔 / 093

认识你真好 ……… 鲁斯佳 / 095

陪我走过童年时光的人 ……… 朱雅雯 / 097

爷爷 ……… 刘婉如 / 099

简单的帮助

简单的帮助 ……… 黄旭昕 / 102

我的"对手" ……… 王思远 / 104

你改变了我 ……… 罗伊凡 / 105

哥哥 ……… 葛志鹏 / 107

一路有你 ……… 侯乐妍 / 109

您用温情温暖了我 ……… 金笠山 / 111

我最感激的人 ……… 彭子涵 / 112

一路有你 ……… 陈秋子 / 114

"妹妹"成"精"了 ……… 刘祥宏 / 115

数学狂人"元宵" ……… 杨昊天 / 117

不靠谱的李立凡 ……… 陈秀丽 / 119

"小老师"张彤扬 ……… 王明睿 / 121

咱班的"白痴圆" ……… 王春莉 / 123

"英语达人"郑昊 ……… 林　玲 / 125

"体育达人"陈悦玲 ……… 杨文静 / 126

小濛 ……… 王伟伟 / 128

我最佩服的人 ……… 马未然 / 130

外婆 ……… 沈敏芳 / 132

触动心灵的那一幕 ……… 何心怡 / 133

谢谢你，奶奶 ……… 吴云鹏 / 135

看见桂花，我想起了你

自习课上 ……… 刘思雨 / 138

奶奶的咳嗽声 ……… 李子睿 / 139

看见桂花，我想起了你 ……… 胡玉婷 / 142

我的母亲 ……… 夏晶晶 / 143

妈妈的"回马枪" ……… 吴浩淼 / 145

我"恨"妈妈 ……… 许　粟 / 147

当母爱遭遇父爱 ……… 罗星宇 / 149

窗前的爱 ……… 钟睿玲 / 151

神奇的未来世界 .... 徐小东 / 153

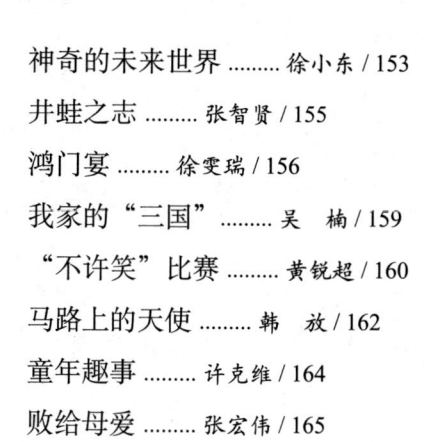

井蛙之志 .... 张智贤 / 155

鸿门宴 .... 徐雯瑞 / 156

我家的"三国" .... 吴　楠 / 159

"不许笑"比赛 .... 黄锐超 / 160

马路上的天使 .... 韩　放 / 162

童年趣事 .... 许克维 / 164

败给母爱 .... 张宏伟 / 165

纸蝴蝶风筝

　　抬头仰望风筝是件最惬意的事,小小的纸蝴蝶像仙女一般在广阔的蓝天上舞蹈,时而急促,时而缓慢,时而向后隐退,时而又朝前漫步,多美呀,连云朵妹妹也被羞走了,我的纸蝴蝶成了天空的最亮点。

奶油瓜子

左灵灵

在那条古老的街边有一块卖奶油瓜子的地方,很小很小的一块地方。主人是位头发斑白的老爷爷。摆设很简单,一把黑亮的长条木凳,一张古铜色的木桌,桌上放着十来个大腹玻璃瓶,都盖着乳白色的塑料盖。透过干净的玻璃,可以清晰地看见瓶中的粒粒花生、瓜子、蚕豆,品种不多,口味却不少,常见的是五香味和奶油味。夏日出门散步,母亲总要为我买奶油味的葵花瓜子,是很甜的那一种。

瞧,老爷爷远远地看见我们,便从桌屉里掏出秤杆。我们走到桌前,母亲照例说要奶油瓜子。我看见老爷爷用小铲子铲了一些奶油瓜子放进秤盘中,仔细地来回调动着秤砣,同时又来回铲瓜子。接着,用单手拎起秤纽,又用微颤的手把秤递过来,指着秤杆让母亲看。最后老人用纸卷了一个漏斗状,小心地把瓜子从秤盘倒进纸袋中。我接过满满的瓜子,迫不及待地抓了一把塞进嘴里,连壳带仁咀嚼起来,又香又甜,好吃极了。

"这孩子,真是的。"妈妈又在说我。我把嚼过的瓜子皮吐了出来,嘿嘿地笑着,我喜欢这样吃,又省时又省力又好吃。回头看着孤寂的老人,他正用慈祥的微笑目送我们呢!

哎呀,一不留神吃到了一颗坏瓜子,满嘴的甜瓜子也跟着苦了起

来，我一口吐了出来，忙抓了一大把奶油瓜子塞进嘴里，嚼着嚼着，满嘴的苦味便消了，心里也莫名的很是高兴。

事实上，我并不高兴出来散步，又累又无聊，不过有了奶油瓜子就不同了，想着散步就有奶油瓜子吃，我便天天缠着母亲散步。再者说，我很喜欢外面空气中弥漫的味道。在那几年里的每个夏夜都能感受到，不过却无法形容，也不知道到底是什么味儿。也许是奶油瓜子的气味，也许是街道的气味，也许是桌子、椅子的气味……总之，很清新很凉爽，但现在是再也找不到了，它变得又熟悉又陌生。

再也找不到了，找不到那时莫名的高兴，甚至连至今忆起还后怕的苦涩也找不到了。看啦，那条窄窄的小街不知何时已摇身变成了宽阔的大道，因为是大道，所以也容不下奶油瓜子。

十年一梦

李 莉

"吱吱——"几只小老鼠从堆放在墙角的杂物里逃出来，似乎在那里面闷了太久，此时正畅快地叫着。这是一间潮湿阴暗的小房间，显然是普通人家堆放杂物的库房。靠墙的地方都七上八下地堆着旧皮靴、破木箱之类的东西。一边还放了一张破旧的沙发，上面铺着一床还算看得过去的毛毯。

房间的中央却是空荡荡的，较大的一块地方只放了一个画架（连凳子也没有），地上七零八落地躺着几张画稿。

"咯吱。"门开了，一个糟胡子的中年男子走了进来，他是个画家，像所有无名的小画家那样，他靠着给书刊边角配图和廉价卖画过着贫困的下层生活。

脱掉灰色大衣，他又走到画架前开始了配图工作。待做完这一切后，他才解下了那条黑围巾，拿出一张画得差不多的画，继续创作他的《梦》。他以前也创作过许多，但因为名气小，根本就无人欣赏。这次他又花了几个月的心血去完成《梦》的创作，他自信地认为他的画比任何大家的画都更美妙，只是自己没出名，所以才会落魄到低价卖画的地步。但是他对画的态度却是认真的，他可笑地想，也许以后等他出了名，别人会庆幸自己能用低价就在街头买到了他的画，因此每幅画的右下角他都郑重地写上了自己的名字。

几天后，他带着《梦》等几幅画来到街头，寒风中，纸被吹得"哧哧"作响，他期待着有哪位好心的"幸运儿"可以来买。

回家时，他只卖掉了那幅《梦》，"那人可真幸运！也许吧。"他自言自语，心里对那幅画念念不忘。

又是几天后，在给一家报刊配图时，他无意中看见了自己的呕心沥血之作——《梦》，图的上面还写了"××大师又出新作，再次轰动绘画界"。下面有整整一大页的介绍，从画写到人，从出生写到未来，吹得天花乱坠。

第一次，十年来他第一次穿得整整齐齐，头发梳得光顺，剃光了胡子走出那间租的房子。他几乎花光了所有积蓄去看那个画展，因为那儿有他的画。

"对不起，先生。"他被保安拦住了，他看看自己，很干净整洁呀！"您的鞋……"保安小声说。他低头一看，是的，不够光亮，但已经很干净了。"你得让我进去。"他平静地说。"可是……""你必须得让我进去，那里挂着我的画。"他再一次重申。"实在是对不起，要不……""马上让开。"他近乎吼了。

凭着这种气势,他终于见到了那位大师,"请您解释一下。"他淡淡地说。大师先是一惊,然后自顾自地大笑起来:"来,来来来,我带你进采访间。"他很奇怪,暂且放下气愤,步入那间豪华的房子,刚推开门,闪光灯便扑面而来,接踵而至的强光刺得他直掉眼泪。"这位就是《梦》的真正作者。"大师笑呵呵地说。

真的像做梦一样,自己十年来的辛苦努力什么都没换来,大师的一次帮忙却改变了他的一生。当他是丑小鸭时,几十个《梦》都算不上什么,而如今,他的一笔一画都价值连城。

"你看,那棵蒲公英,轻盈得快要飞起来了,它是那么真实,而又那么虚幻。""靠右边的几棵草已伏下了身子,风要来了,蒲公英是该飞了。"

"是呀,这儿这么贫瘠,几瓣小草,亮点是这单单一棵蒲公英啊,可它会带来一片蒲公英,一条风景线的。"

来观看他的画展的人们评论着……

痛苦的过去

吴 琛

汤姆森是一个活泼开朗、成绩优异的十四岁小男孩儿。

汤姆森每天都很开心,从表面看,他就像一个快乐的天使,但在他的内心世界中,有一段痛苦的往事。

那是四年前的一个夏天,在烈日炎炎的中午,汤姆森和一群小伙伴玩耍着，在玩完过后，汤姆森与小伙伴告别，独自走在回家的路上。

由于天气太热了，汤姆森又刚刚玩儿了好长时间。所以，他已经汗流浃背，好像就要中暑的样子。

这时，他看见前面有很多人在买冰棍吃。他也想买一支解解热。但他却没有钱去买，家里并不富有，父母不可能给他钱买冰棍。

于是他打消了这个念头，准备回家。可是他实在是受不住那冷冰冰的感觉的诱惑，站在原地，呆呆地望着，渴望能吃一支。

可是，他没有钱，他到底该怎么办？汤姆森在那里久久深思着。突然，一个念头在他脑中闪过——偷一支。

汤姆森不想这么做，可他实在忍不住想吃，他便决定试一试。

他跑到那里，很多人在买，他便从人群中挤了进去。老板正在忙着卖冰棍，无数只手拿着钱给老板，并拿回一支冰棍。

汤姆森看到冰箱是打开的，现在人多，下手正是时机，但他犹豫了，到底做不做，最终，他的理智没能管住他的手，他将手伸进冰箱，由于他正全神贯注地盯着冰箱里的冰棍，没有察觉到周围的人已经走得差不多了。

他拿到一支冰棍后，刚想跑，他的手臂就被老板的手一把抓住。

最后，老板去了汤姆森的家，告诉了汤姆森的父母，当晚，他被爸爸打了一顿，手臂上留下了一道疤痕——一道皮带印。

现在，他已经长大了，他一直想忘记那一段痛苦的记忆，但那段记忆好像已经永远存入了大脑，手臂上的伤疤就像启动那段记忆的开关，只要看见了手臂上的伤疤，他就不由得想起了痛苦的过去。

他想忘却它，但怎么也不行。于是他尽量做好事，做好孩子，竭尽所能地去埋没他的痛苦，因为忘记它已经成了汤姆森唯一的愿望。

我的三次生命

周俊宇

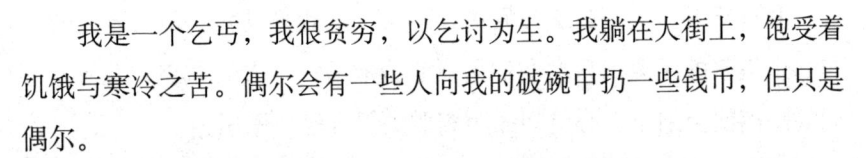

我是一个乞丐,我很贫穷,以乞讨为生。我躺在大街上,饱受着饥饿与寒冷之苦。偶尔会有一些人向我的破碗中扔一些钱币,但只是偶尔。

我总是觉得我和其他人之间隔着一条河:我不敢游过那条河,而其他人则不愿意游过那条河。我们只是会偶尔地隔河相望,最后在记忆中删去这短暂的瞬间。

就这样平静地,我死在了大街上。

于是,我的魂魄来到了地狱中。过了一万年,我又得到了一次做人的机会,我兴奋极了!

我在这一万年中不停地问阎王:"做富人一定可以缩短心灵的距离,对吗?"阎王笑了笑,于是,他决定让我当一回富人。我便又来了人间。

果然!我当了富人之后一切都变了,我住在很大的豪宅里,每天都享受着山珍海味,拜访的人也变得很多,真是门庭若市!可是我总觉得这好像缺了点儿什么。

一天,我突然破产了,事业一下从高峰跌入低谷,我希望会有朋友来安慰我,但是却很少有人来看望我。

我顿时火冒三丈，我觉得这些朋友就像一些衣服一样，它们虽与我形影不离，但是最终还是要离开我，而且永不回来……

我在床上气极成病，最后悲愤地离开了人世。

于是，我又回到了阴间，向阎王提交了一份决心书，我再也不做人了！人与人之间的距离是很遥远的，生活在这世界上是一种痛苦，一种无奈！

可阎王很快把我叫到他的面前，他无奈地对我说："看来，你还是没有领会人与人之间距离的真谛，你还是再去一次人间吧！"

于是，我又回到了人间。这次，我变成了一个非常普通的人。

人们主动帮助我，我也帮助别人。我生活得很快乐。

我终于领悟到了什么是距离，心灵间的距离其实就是人自己的心与心中黑暗的距离，只要我们用真心换取另一个人的真心，人与人之间的距离便会缩小。心灵间的距离取决于自己的思想。

我的三次生命就像灯一样，照亮了我心中的黑暗。

五月一号

李木子

"娃，今儿几号了？"外婆问。"3月2号。"我显然有些不耐烦了，每次前脚刚跨过门，迎面而来的就是这句。我抬头看看墙上的日历，上面大大地印着"3月2日"。想了想，我又补充了一句，"还早着呢！""不早了。"外婆莞尔一笑。我知道外婆在等待5月1日——

舅舅回家的日子。

外婆是个大闲人，撕一小张日历都要花一整个上午。星期天我在外婆家做作业，有幸窥见了这一幕。

匆匆吃过早饭，外婆颤颤巍巍地走到日历前，缓缓地坐在靠墙的凳子上，久久地凝视着属于昨天的那张日历，发呆……我继续埋头写字，当我再次抬头时，外婆正用颤抖的手轻轻地撕开那张日历，"旧日子"捏在手中，眼睛又暗淡下来，久久地凝视，发呆……

有时外婆会嘀咕起来，像是在对我说话，又像在自言自语，但是我却听不懂，也听不清。有时外婆会翻翻日历，甚至一页一页地数日子。有时外婆还会不知不觉地靠在墙上睡着了……

"娃，帮外婆……"外婆说话很慢，我静静地等候着。老人的记忆就是不好，外婆一定是又忘了后面的话，因为她正微皱着眉，像是在使劲儿地想什么。久了，外婆说："算了。"待转身看到床上的铁盒时，眼睛一亮："瞧，我忘了，帮外婆拿个干的毛巾来。"

外婆接过毛巾小心翼翼地去擦那个生了锈的铁盒，我拍了拍散在床上的铁锈屑问："这是装什么的呀？"外婆打开了它，我很失望，几张褪了色的奖状、模糊的照片和字迹淡得无法辨认的信。"这是强儿（我舅舅小名）的，以前寄给我的，瞧，你舅舅小时成绩可好了……"这天下午，我从外婆口中听到了有关舅舅小时候的许多故事，什么被老师批评了回家才哭呀、什么与我妈妈争论呀！零零碎碎的。

后来去外婆家是四月下旬，妈妈说外婆整个三月和四月都没出门，只守着电话，让我去陪陪她。恰巧，我那天去时，外婆正在接电话，我留意地听着看着，外婆的脸上露出了久违的笑容，声音也硬朗了许多。"嗯……嗯……我身体好得很……啊？哦，票价涨了就别回来了，你在外挣钱又不容易，我又没生病，回来看我干吗？在外要注意身体，别感冒了，把嗓子弄坏了，不要和人争，要处处学会忍耐……我挂了，电话费可不便宜。"然后外婆又笑眯眯的，我知道，这通电话又能让她高兴好几天，不过她仍掩饰不了心中的失望，她轻叹了一声让失望随风去。"娃，今儿几号了？"外婆又开始了下一次的等待……

回到家，我冲进门对爸爸说："你装得真像，外婆没听出来。"然后我又发现自己的兴奋太不道德了，毕竟舅舅出了事。妈妈此时正在哭，爸爸叹道："骗得了一时，骗不了一世……"

纸蝴蝶风筝

左灵灵

风好大呀，使劲儿地把风筝向天边拽去。线快要断了吧，我快被拽上去了。妈妈一边小跑过来一边喊着："快，放线，放线。"我刚松了松手，线轴便像飞轮一样狠命地转动着，妈妈还没来得及接住线轴，线就已经用完了，最后一段线滑过妈妈的手不紧不慢地向我们头顶上飞去。我们静静地抬头看，风筝不再那么激烈地上下翻飞，它温顺地躺在风的怀抱中，就像啼哭的婴儿，到了母亲怀里，它如愿以偿了，只见它缓缓地变小，变小……也不知被风带到了哪里？我觉得可惜，不是因为风筝飞走了，而是因我不能再多玩儿一会儿。在这里我和妈妈又放飞了一只纸蝴蝶……

唉，那是多么遥远的记忆呀，像是几个世纪前的事，又像是昨天刚刚发生，想想我，也有多年没放风筝了吧？

儿时，每年初春，妈妈总要买一只纸蝴蝶风筝，选个风和日丽的午后到荒野上放风筝。有了妈妈，放风筝是件十分容易的事，她总有本领把风筝放得很高很高。虽然笨手笨脚的我常常无奈地任风把风筝吹下来，不过，她只要过来拽拽线，稍微小跑几步，风筝便又腾云驾雾了。抬头仰望风筝是件最惬意的事，小小的纸蝴蝶像仙女一般在广阔的蓝天上舞蹈，时而急促，时而缓慢，时而向后隐退，时而又朝前漫步，多美呀，连云朵妹妹也被羞走了，我的纸蝴蝶成了天空的最亮点。

最亮点总是会消失的，如今，家乡几乎买不到纸蝴蝶风筝了，取而代之的是机械生产的帆布风筝，三两根木条搭成一个框架，覆上一块三角形的帆布，简单的条形花纹，拖着两条尾巴，这就是它的全部，很是单调。拿在手中轻飘飘的，真让人担心它是否能与风较量，骨架应该很容易散的。

而纸蝴蝶呢？它有形形色色的美丽花纹，每一笔都是手艺人画上的，还有精确的竹条构成蝴蝶状的骨架，竹条与竹条之间还用线一圈一圈地紧紧连接，拿在手中有一定分量，让人放心。

纸蝴蝶的线是棉质的，而帆布风筝是尼龙线的，很结实，不但不会被风扯断，就是想让它断也不容易，而且线很长很长，不可能放完。于是我用新风筝放，就再也没放飞过。当初，放飞纸蝴蝶是因为它是用纸做的，不易收藏。而它，按说很结实，不过只是虚有其表，又很单调，无收藏价值，也不想留于家中。我们便很努力地去放，准备在它飞上高处时剪断线，不过它怎么也飞不到纸蝴蝶的高度。

后来，我和妈妈就再没有放过风筝了。有时闲着无聊，被同学拉去放帆布风筝，常常放不起来，或是放起来和别人的风筝缠在了一块儿，抑或是挂在了树上。我们是在公园放的。

至今，我还只有在回忆中有那么高那么美的风筝——纸蝴蝶风筝。

白杨的等待

何 帆

美丽的田野上有条小河，它静静地流淌着，河边耸立着它的知己——白杨。白杨为小河守护堤岸，小河将白杨灌溉。它俩亲密地相处，谈天说地。

白杨常跟小河提起大海，大海的广阔与蔚蓝令小河百般向往。它再也不羡慕湖泊姐姐的淡雅，而是更加强烈地追求大海的广阔，要是能去见识见识大海的汹涌与澎湃，那该多好啊！

小河跟白杨提了这个理想，白杨也兴奋地说："好啊！你去见识见识，回来再讲给我听，我一定会等你的！"小河乐了，激起一条条波纹，"不见不散！"说着，小河欢快地向着远方流去，去实现它梦寐以求的理想。白杨望着小河远去的身影，心中默默地说："不见不散！"

自从小河流走了后，白杨显然变得有些孤寂，它夜以继日地等待。

麻雀妈妈带着它的孩子，移居到了白杨树上。麻雀妈妈愉快地向白杨打招呼："嗨，以后我们就是邻居了。"白杨一听，立马皱起了眉头，表示歉意："哦，对不起，我在等我的朋友小河，你们要在这儿定居了，小河就认不出我来了。"麻雀妈妈只好另寻新居。

白杨等呀等，一年过去了，两年过去了，小河还是没有回来，它失望极了，感到灰心丧气。

突然有一天，白杨眼前一亮：是小河回来了吗？它正要欢喜，仔细瞧，原来是伐木工人。

伐木工人正在砍伐白杨，蓦地，白杨摇摆着枝叶，似乎跳起了"桑巴舞"。伐木工人惊讶不已，白杨解释道："实在抱歉，请别砍伐我。"伐木工人笑了，"我们用你去做漂亮的家具，你不想为人类服务吗？""当然想啊，可是，我在等我的朋友小河，它跟我约定好了：不见不散。"白杨一副愧疚的样子。"那你等到了吗？""没有，"白杨沮丧地摇了摇头，"但我会一直等下去，因为这是我和它之间的承诺！"伐木工人被感动了，也只好离去。

日复一日，年复一年，白杨依旧在等待着，它已经由过去的繁茂变得格外的苍老，昔日的葱郁已经完全消散了。但是，它仍然在等待！

小河呢？它到处找寻大海，到处碰壁。它实在受不了了，工厂排出的废水令它窒息，它投降了，决定回去找白杨。

小河流啊流，终于回了原来的地方，可白杨呢？难道它没有遵守诺言吗？小河环视了一下四周，映入眼帘只有一棵苍老的白杨。

小河高兴极了，"白杨，白杨，我回来了！"白杨看了看眼前的小河，霎时间，眼神里迸发出无限的亮光，"小河，我等到你了！"说完，便死去了……

这就是白杨的等待，一句"不见不散"，让它付出一生的等待。

心情的雨刮

王乐颖

　　滴答，滴答，雨点从屋檐下滑下，落入外公外婆院子前的深井里，激起了一层层涟漪。

　　屋里的大人们忙来忙去，帮着外公外婆收拾行李。外婆向母亲絮叨着："这一去又不知什么时候才能回来呦……"母亲在一旁不吭声。

　　大家坐入车里，外面的雨仍旧在下。那雨不是一点一滴的毛毛细雨，不是"白雨跳珠乱入船"的滂沱大雨，而是淅淅沥沥的小雨，滑过车窗。此时此刻，外公就紧贴着我在旁边，他忽然转过头来，看着我："要好好念书哎！"他笑道，以致眉毛上的那颗大脓包显得尤为明显。我盲目地笑着，点头。几年前的那一幕又浮现在我面前：烈日当空，蟋蟀唧唧吱吱地叫着，人行道上，一个头上有几丝白发的老人，大步流星地走着，肩上还坐了个伸着舌头、吃着冰棒的小毛孩儿。老人就是外公，小毛孩儿就是我。

　　如今，我再抬眼望去，外公已经满头白发。外公外婆这几年很少回合肥，大部分时间都是在上海帮着舅舅带孩子。

　　外面的雨大了起来，雨刮器的频率快了起来。我心里不禁掠过一丝紧张！如果外公外婆在火车上出事了怎么办？如果外公外婆在车站

因为人太多而被挤倒在地上，爬不起来了怎么办？一些无谓的问题在我脑子中间团团转，以致我当时的内心很混乱，不知该想什么。

　　车子开得并不快，可转眼间已到了火车站。这时，外婆突然塞给我一袋小蛋糕，"赶紧吃吧。"她用她那早已无神的眼睛望着我说，"好好学习，少让妈妈操心，毕竟你都这么大了。还有，做人要守信，平时不能撒谎！"她严肃地说道。我一个劲儿地点头。

　　"啪"的一声，车门打开，"呼啦"一声，雨伞撑开，"下来吧，已经到了。"母亲打着伞站在车外说道。我没带伞，只得戴上帽子，磨蹭着，下车来。雨点的声音挺干脆，挺有劲，"啪哒""啪哒"地打在帽子上。我尽可能多地为外公外婆分担行李，走在了前往站台的路上。

　　经过一番不长而又难耐的等待后，外公外婆吃力地将行李拎到火车上，然后向我们招手。

　　"你也要少生点儿气！"外婆看着母亲说道。

　　"好吧，好吧，你们赶快上车吧！"母亲站在一旁说道。

　　一阵清风吹过，几滴雨点无声地落在身上。火车缓慢地驶出了车站。我一直盯着火车，从车头盯到车身，再盯到车尾，最后直盯到火车完全消失在远方。

　　"走吧。"母亲道。

　　雨还在下，只是比先前要小一点儿，柔一点儿。

幸福的味道

汪 瑞

无意中翻到曾经一起玩耍的照片，无意中看到你们送给我的生日礼物，无意中梦到并肩作战的时候，回想起为那场比赛付出的点点滴滴，当初是泪，而现在，那段时光就是我的幸福时光。

还记得吗？

我们用扫把、拖把、椅子，在机器人室的门口小心翼翼地架起一座"高塔"。若门外有人推门，便会有扫把落地的声音，我们自以为创造了一个安全天地。暖暖的阳光透过窗子照进机器人室，整个校园沉浸在压抑的课堂气氛中，唯独我们在放心大胆地玩游戏。一群人围在一台电脑前，还大声嚷嚷着，不时传来大笑声。猖狂！如此专注，如此入神，以至于老师站在你们身后都毫未察觉。我轻轻"嗯"了一声，打算提醒你们，却看见老师回过头来，向我做了一个"嘘"的手势，我便抱着一种静观其变的心态，一声不发地看着你们。眼看着老师蹑手蹑脚地走向你们，悄悄地站在你们后面，看着你们指手画脚，大声点评着。我用脚轻轻踢了一下外面的同学，他不满地转过头，正打算埋怨我时，却看见了老师似笑非笑的脸，他以迅雷不及掩耳之势窜回座位，机器人室一瞬间又恢复了常态。"你们明天都给我交一千字的检讨！！！"老师的怒吼声响彻整栋教学楼。

还记得那个活宝般存在的他吗?

记忆中那个陪我度过漫长岁月的他,如今是什么模样?

窗外一群麻雀正叽叽喳喳,春风沐浴着阳光徐徐地拂过树梢。他静悄悄地在一旁帮我捣鼓着坏了的机器零件,看着他的侧脸,是如此认真。那时的他,会在我的机器坏了之后,耐心地帮我解决所有问题;他会在我比赛失利后认真地帮我分析原因,修改程序。他,像一位恩师;他会在空闲的时间待在我身边,听我诉说一天的快乐抑或委屈;他会在等待的时间里,像变魔术似的拿出一部电影、一本好书,与我分享。他,像一位好友。

那段幸福的时光,有你,有我,有他。

那段温馨的回忆,有苦,有泪,有笑。

幸运的是,我们还是一路走来,还是陪伴彼此度过了那段幸福时光。即使现在已经分道扬镳,成为彼此熟悉的陌生人。

幸运的是,我的年少有你,你的青春有我。即使现在已经各奔东西,但我们都已成为彼此最美好的回忆。

那年青春,我们正好相遇;那年花开,我的幸福时光。

我的幸福时光

崔佳琪

童年的时光对我来说,永远是幸福的,那是一种莫名的幸福。

春日,春风轻吹,花草也香。即使是晚上,也格外舒服。每当天色变黑，月亮欲现的时候，父亲就会骑着他那辆有些破旧的电动车来外婆家接我。出了外婆家的门，我总会不住地回头，而每每回头，都会望见外婆还没关门，瞧着我，示意我赶快回去。骑车上路时，街道边的路灯挺暗的，把我和父亲的影子拖得老长，继而又变得奇短，就如两颗花生般。皓月当空，柔软的月光洒在人们的身上，似乎还能感受到它的温度。

夏日，烈日炎炎，蝉鸣不断，人待在家里也躁。外公便让我骑在他肩上带我到公园里去。虽然是上了年纪的人了，但肩膀却还是那般厚实、稳重。经过喧闹的商业街，我们来到公园里一片寂静的树荫下。我总会提议要玩捉迷藏，外公也总是答应的，而每次都是外公藏，让我去找，这样总是更有意思些。就这样，夏日里，公园里那几棵大树旁总会有一老一少的身影。每次都直到我们满头大汗时，方才回家。

秋日，秋高气爽。每逢重阳节，我都会回爷爷奶奶家。奶奶一向不爱吃肉，身子一直都很瘦弱，爷爷倒是很注重养生，身子自然也挺壮实。重阳节当晚，我总会微笑着先敬奶奶一杯，还说道："奶奶，多吃肉呀……"每每听到这儿，奶奶都会微微一笑，说："懂事了嘛，赶快坐下。"刚刚坐下，我立马又倒满了一杯白开水，向爷爷敬道："愿爷爷福寿安康，寿比南山。"爷爷眼睛本来就小，听了这话后，乐得合不拢嘴，我都快看不到他的瞳仁了。

冬日，窗外北风呼啸，大雪纷飞，我们一家人围在饭桌旁，谈着，笑着，虽是冬季，却没有人感到有一丝凉意。哦，原来，有了幸福，一年四季里，便没了冬季。

幸福源于亲情。亲情是简单的，是时时刻刻都伴随在你身边的，只要用心去体会，就会感受得到。

我童年的时光，在亲人的陪伴下，格外美好，那是一种静静的、无声的幸福。

幸福的脚步

孙昊哲

　　望向窗外，一幢幢高楼大厦在地上耸立着，望着池塘里有些混浊的河水，不禁想起了童年时家乡那一片片清澈的河流，农村的瓦屋，我那幸福的时光。

　　还记得童年回农村时的景色，一住便是五六个月。我们住的是农村用泥瓦搭的房子，不大，屋子前面不远处就有一个大池塘，那里水波粼粼，不时有蜻蜓在水上点着水花，泛起一圈圈涟漪。池塘边有一座小山，不大，但可为我们提供一丝荫蔽。每到夏日两三个小孩儿跟着一位大哥哥，在地上随便捡起地上的一根竹竿，在家中找到一根棉线，系在竹竿的顶端，又跑到在厨房里准备午饭的奶奶那儿，要了一块肉，系在绳子的另一头。这样一根钓竿便制作好了。

　　拿着竹竿，再提一个桶，便跟着哥哥跑到池塘里去钓龙虾。那时，龙虾很多，我将刚刚制作好的钓竿抛进水里，在那里和其他人一起静静地等待龙虾上钩。湖面上不时有蜻蜓飞来，轻轻地悬浮在水面，好像在跟我们一起等待着龙虾上钩，池塘的旁边有一片小树林，还有一座小山坡，静静地卧在我的身边，面对这一片如诗如画的风景，我不禁陶醉在其中，似乎已忘记了我在钓虾。

　　突然旁边的大哥哥大喊一声，上钩了！我突然清醒，望向池塘，发现有一只虾咬住了钩，使劲儿在挣着我的线，我刚刚竟然没有发觉，我猛一提我的线，一只大红的龙虾在使劲儿夹我的肉，我便急忙将龙虾抖到我的桶里。就这样钓了一上午，直到母亲过来叫我，但我们仍不愿回家，最后在母亲的催促下，才不舍地告别了池塘。

在乡下的乐趣不只是钓虾。屋子后面有一个园子，有一片绿茵茵的草地，这里可谓是应有尽有，有蚱蜢、螳螂、蟋蟀……还有许多叫不上名称的，这里可真是我的乐园。有时小伙伴不陪我钓虾，或钓腻了，我便独自跑到后园。阳光普照在大地上，绿油油的兰草花，紫艳艳的喇叭花，红彤彤的石榴花迎风摆动。我贪婪地呼吸着这儿的新鲜空气，一股混着青草味的花香扑面而来。无意间我又发现一只蚂蚱伏在一根嫩草上，随风摆动。看到之后我便以迅雷不及掩耳之势扑过去将它一罩，可是这小机灵用它细长而有力的腿跳到别处去了。

有时我还会和小伙伴们一起去捕知了，用网罩轻轻一扣，便将其罩住了。

那是一段自由的、没有雾霾、没有噪音、掩映在绿水青山中的童年时光。

回得去的是心中的那段记忆，回不去的是曾经的那一段幸福时光……

如果时间重来

甘政瑞

那个下午，雨愈下愈大，风越刮越猛，天空被浓厚的乌云层层覆

盖，阴沉黯淡。风雨中，纤细的小草是多么渺小无助，高大的树木又是多么力不从心。

天色渐暗，望着窗外肆无忌惮的狂风骤雨，心头不由得紧绷起来：雨这么大，我可怎么回家呀？正当我焦头烂额时，瞥见角落里那把破旧不堪的雨伞，唉，有把破伞总比淋个落汤鸡好吧。

回家的路上，少有行人。疯狂的雨便将所有的力量倾注于我，沉淀着寒气的雨珠接连不断地砸向那卷曲弯折的伞面，它们在上面旋转、锤击，发出"啪啪"的声响，再沿着缝隙狡猾地钻入我瑟瑟发抖的身体。我拼尽全力地奔跑，只为躲避一波又一波冰冷的袭击。心里在不停地咒骂这可恶的雨。可风却像无形而强健有力的大手，阻挡着我前进的步伐，脚边时常溅起的阵阵雨水，也逐渐将脚底的最后一丝温暖销蚀至尽。

离家越来越近，脚步也似乎轻松起来。忽然间，身后传来低小沙哑的声音："大哥哥，你能不能停一下呀？"我一怔，原来是一个八九岁的小男孩儿，他肩上扛着一把大大的黑伞，两只手死死地握住伞柄，唯恐一不留神伞就会被风吹走。他的面颊挂着几道醒目的泪痕，苍白的脸上缀着一双满是无助和彷徨的眼睛，那双睫毛很长的眼睛里充满了泪水，像雨雾中正在涨溢的湖水，泪珠在眼眶里打着旋儿，晶莹透亮。

裤腿上的寒冷使我不想再返回一小步，小男孩儿沿着满是积水的路面，费力地撑着那把伞，小心翼翼地往我身边挪动了几步，乞求着说道："我妈妈带我去超市，半路上发现钥匙丢了，让我在这等他，不知怎么的，还没来。"他稍稍停顿，提高了音调，"我不想找大人，因为妈妈说有人贩子，所以大哥哥，你能不能在这陪我一下呀！雨太大了，我，我，我害怕。"

他把伞柄握得更紧了。怒吼的狂风袭过，一切都在恐怖地颤抖，仿佛瞬间要将小男孩儿掀起。风越来越猛，我的心情也越来越纠结：

到底该不该帮他，小男孩儿这么小，又这样迫切地需要帮助，况且路上没有行人，要是出了意外可怎么办。"阿嚏"一声，打断了我的这个念头：唉，还是算了吧，和他一起等妈妈又要花时间，回家不生病才怪，一生病，就要耽误学习……

我涨红了脸，支支吾吾地小声说："我，我还有事，你别害怕，妈妈马上，马上就会来的。"两滴晶莹透亮的泪珠从他眼眶滑落。我不敢直视他的眼神，迅速转过身朝着家的方向狂奔，身后的风，像是在呼啸指责，身后的雨则是在不停地锤击。

回到家，我心绪不宁，那双充满乞求的眼神总是在我面前闪现，趴在窗前往朦胧的雨雾中眺望：他会不会遇到坏人？他妈妈来了没？安全到家了没？那一夜，我的心刺骨地痛，惭愧与内疚深深地充斥着我。

如果时间可以倒转，我一定不会再让自己错过。

遗忘的蟹爪兰

崔宇扬

我凝望着阳台上已经凋谢的蟹爪兰。

那盆蟹爪兰的叶子依然如去年深秋初见那般深绿、厚实，叶尖也有着点点玫红。不过，一个是刚冒出头来的花苞儿，另一个则是已经凋谢后留下的最后的笑容。我明白，我已经错过了这株蟹爪兰今年绽放于寒冬之中最美的身影。

去年深秋，我在阳台上惊喜地发现了那一株蟹爪兰。初见它，我就被它叶尖的红色花骨朵儿吸引。玫红由深到浅，仿佛被嵌进原来纯白如雪的细纱中，真实而自然。那玫红，艳丽而又不失恬静，让我久久伫立，不愿意离开。

从此，几乎每一个中午，我都会跑到阳台上，看它有没有长大。我笑着抚摸着它，陪它走过每一天，看着它的花苞一天天长大，绽开了第一片花瓣。

它的花瓣是细长的，在冬风中摇摇晃晃地立着，却从没有折下过腰。我欣喜地伸出颤抖的手，小心翼翼地摸了摸它，便不敢再碰它了。那天之后，我就一直盼望着它完全绽放的样子。

但是那天之后，就进入了正式的期末复习备考阶段，作业、试卷压得我有些喘不过气来，偶有空闲的时间，也只是趴在桌上小寐，不愿再走几步去阳台看看那株蟹爪兰。考试之后便临近春节，日日不是做作业就是与父母出去准备年货。那株蟹爪兰，早已被我遗忘在大脑深处。

它，就像是我生命中的过客，一晃而过。

年后早春，一日，我突然想起了那株蟹爪兰，便去阳台看它。不出意料，但我还是感到深深的失望——那株蟹爪兰已经谢了，在初春的阳光下如同婴儿般深深地睡去，留下最后的玫红证明了它曾经的辉煌。

我半蹲下来，再一次仔细端详它。今年，它开的花已谢，可是明年呢？经过春天、夏天和秋天的积累，说不定明年，我就可以见到更美的花呢！曾经的辉煌已经过去，现在，我们也要如同这株蟹爪兰，充分利用时间补充自己，提高自己，争取下一次的辉煌，就算错过了前一次的辉煌，也要更加努力，创造辉煌。

我加快脚步，离开了阳台。

心的感悟

高元瑞

枪声响起,运动员开始赛跑,争夺着属于自己的荣誉,她也是一样。他们忘我地奔跑着,仿佛将这个世界遗忘。近了,近了,临近终点了。她,取得了第一名的好成绩。可此时的我却鼻子一酸,我又错过了。

这次比赛的名额本来是我的,却因那天下午的意外而毁于一旦。临近比赛,教练将我们的项目呈报了上去。我依旧是我最擅长的一百米短跑,以我的成绩拿到比赛第一名毫无问题,教练们都是用充满希望的眼光看着我,盼望着我能为学校争光。

可就在比赛前的那天下午,我在训练时因强度过大,腿部肌肉严重拉伤,走路都一瘸一拐的,更别说跑步了。教练得知后,什么都没说,但我分明在他的眼里看到了失望。我不能去参加比赛了,被迫在家里休息。可我始终按捺不住自己愧疚的心理,想要去看看那个代替我去比赛的人,能否帮我弥补教练的失望。

我站在观众席上,看着她拿到第一后的雀跃,看着教练欣慰的笑容,看着队友围着她有说有笑。这一切的一切,都曾在我的脑海中演练过无数次,现在终于实现了:可主人公却不是我!

这一次,我输了。我输给了意外,输给了自己,输给了她。

我艰难地走下观众席，上了车。一路上，我想了很多：教练的失望，她的得意，我的伤痛……可，机会错过了就是错过了，没有重新开始的可能。今天我错过了一个宝贵的机会，是不是明天、后天，我又会错过一个机会呢？

如果自己还像现在这样萎靡不振，那是不是错过的就会更多呢？想到这里，原本我一蹶不振的信心又有了一丝希望的火苗，我还会有这样的机会的！

我开始积极锻炼，努力地朝自己的梦想前进，明年我一定不会输给她！

没错，我错过了这次比赛，却没有错过自己对运动的热爱，没有错过自己的本心。难道这不是一种"失而复得"吗？

错　　过

刘逸萱

错过身边本应会得到的东西，心中不免有着深深的遗憾和难过。那因错过而失去的东西，会像那流水一般，在你指间滑过。你抓不住它们。

我就错过了一个会和我成为朋友的人。

从我刚认识她时，我便知道，她非常喜欢说话。说说这个，讲讲那个，一张小嘴似乎永远闭不上。而我们的错过，就在一句不经意的疑问。

一天体育课，自由活动时，她又再一次讲着一个无趣的话题。每一次的内容都与上一次的内容有着不同的地方。我觉得有些奇怪，觉得有些假。我悄悄地打量着她：梳着有些歪的马尾辫，刘海儿挡住了半只眼睛，脸边还有些墨水的痕迹，说话间眼神有些不自然，说到与上次内容不一致时，语气有些急促，似乎有些心虚。她似乎没有注意到我那审视般的眼神，仍然笑着聊着。她没有说实话吧？我心存疑惑，但没有说出那句"你在骗人吧？"

又过了几天，一个和我们很熟的女生提出的疑问，让我们之间形成了一面无形的墙。

我们正坐在操场上，依旧谈论着同一个话题。正说着，那个女生便问道："你说的有些不太真实，我不太明白这是真是假。"她有些生气地回应道："没有啊，我没有说谎！"她转头问我："你说呢？"我一开始就怀疑她，再看到她因别人的怀疑而反应过激，更让我怀疑。我思索了一下，更加认定了她在说谎，便说："我觉得你应该有假的地方，但……"话没说完，她便打断了我，"你也认为我是假的吗？我说的都是真的，为什么你们不相信我！"她转身离开，没有理会正在小声交谈的我们。

后来，才印证了她说的每一字每一句都是真的，没有说谎。只是我们误会了她，用"有色眼镜"错看了她。她不希望有人会怀疑她，也许当初我不该怀疑她。

在那些后悔的日子里，毕业典礼悄然到来，我想重新抛出友谊的"橄榄枝"，却已没有机会。毕业后，她搬离学区，我们失去了联系。我怀疑她从此成了人生中与我擦肩而过的过客。

毕业照上，她依旧扎着有些歪的马尾辫，依旧留着挡住了半只眼睛的刘海儿。脸上开朗的笑容让我觉得十分愧疚。

错过，可能只是因为一句话，一刻的时机未到。身边原有的东西，那一刻与你擦肩而过，不会停留，像清风一样，在你的身边经过,你却抓不住它。

错过,我希望它可以少出现在我的生活里。我希望,那些事物不再离我而去,就如同这擦肩而过的友谊。

成长的滋味

徐未尧

成长,是一个由幼稚到成熟的过程,那一次军训后,我成长了……

小升初要军训!这一消息像惊雷一般在我头顶炸开。我从小就怕累,在家里什么事都由父母代办,在学校的值日也是草草了事,再加上我缺乏锻炼,身体素质又不够好,军训对我来说无疑是苦的。在经过一番激烈的思想斗争后,我终于站上了操场。

夏末的阳光似要把大地烤熟,我和一帮陌生的同学站在阳光下,踢腿、摆臂、正步走。空气像是凝固了。豆大的汗珠也顺着脸颊淌下来,流进嘴里,又咸又涩。腿也像灌了铅一样,胳膊再也抬不动了。而操场的另一边,微风习习,绿树成荫,树下的长椅上摆满了一瓶瓶的水。我是多么想去一旁的树荫下乘凉休息啊!太阳仍毒辣地烤着,树荫随着时间的推移也越来越小,我的嗓子越来越干,心底的愿望越来越强烈。我想举手请假,可手还没有举起,教官就像看出了我的心思,板着脸大喝:"坚持就是胜利!做好每一件事!"我暗暗埋怨着教官的不近人情,强迫自己不去想树荫下的长椅。

一分钟，两分钟……"原地休息！"这普通的话在我耳里却是天籁。不顾地上的尘土，大家纷纷瘫倒在地。我大口灌着凉水，四处张望，想看看别的班仍然在训练的"倒霉虫"，可一抹绿色的身影撞入我的视线——是教官！阳光无情地炙烤着大地，风也吝啬地不送来一丝凉爽。他还在指导着一个同学的动作，那样一丝不苟，一遍又一遍地演示着，每一个动作都力求完美。他汗如雨下，可并不休息，迎着阳光，挺拔的身影成了一道亮丽的风景线……

　　我怔住了，这一点儿苦又算什么？如果这一点儿毅力都没有，还如何去实现自己的理想？我不能做温室里的花朵！吃得苦中苦，方为人上人！

　　"休息结束！"我又全身心地投入到训练之中，再苦也不抱怨。

　　苦尽总会甘来。经过多日的练习，终于到了检阅的时刻。伴随铿锵有力的进行曲，我们充满朝气，走过主席台，走过同学和家长，每一个动作都力求完美，每一声口号都格外响亮。功夫不负有心人，我们终于取得了一个满意的成绩。大家欢呼雀跃，互相拥抱、祝贺，喜悦洋溢在脸上。一时间，校园成了欢乐的海洋。我更是激动万分，我战胜了自己！我成长了！

　　从此，我不再娇气，不管经历了什么，再苦再累也不会退缩。因为我永远记得教官的那句话："坚持就是胜利！做好每一件事！"

　　成长是漫长的，总有那淡淡的苦味，但就像巧克力一样，苦过后，就一定会有别样的甜等你品味。这便是成长的滋味了……

成长的喜悦

罗天宇

成长中充满了酸甜苦辣，但无论有多少酸，多少苦，多少辣，甜都会溢满心间，因为成长本就是喜悦的。

那是一个周六下午，上完辅导班，我自己坐公交车回家。天是那么的晴朗，我的心情也格外明朗。我轻快地走上公交站台，等待着公交车的到来。

那天的公交车似乎格外悠闲，许久都不见它的身影。偏西的太阳柔和地洒下光辉，使我不禁忆起第一次独自乘公交车的情景。

小学三年级，不愿步行上学的我，在妈妈的鼓励下第一次独自去乘公交车。当时，我几乎是一路狂奔，气喘吁吁地来到公交站台，唯恐错过一辆公交车。到了公交站台，我又像热锅上的蚂蚁，在公交站台上不断徘徊，而且不时去看站牌，确定路线无误。那时的我，几度想放弃坐公交车，走路去上学；又想起母亲那温暖的手，多么希望妈妈当时就在我的身边啊！

"车来了！"我惊醒了。可我并不着急，慢悠悠地排着队进入公交车。又想起初次坐公交车的我，一看到公交车来，便迫不及待地抢站到最前面，争着要第一个上车。但是现在的我已经明白，第一个上车是没有必要的。人不必每时每刻都让自己那么匆忙，放慢自己的脚步，或许身边的风景会别样的精彩。

上了公交车，我发现车厢里已经挤满了人。随着人流，我来到了公交车的后门边，倚在扶手上。车子开动了，霎时间，车外风景飞逝，只依稀看见或粗壮或细瘦的树木在路边吐着新芽，依偎着它们的灌木丛，会偶见几朵含苞欲放的花，大自然刚从冬眠中苏醒……我突然发现公交车外的风景竟如此精彩动人。

难道以前公交车窗外的风景不动人吗？或许是因为那时的我，只注意到了时间的流逝，却没有注意到窗外风景的流逝，错过了许多美丽。

那一瞬间，我突然明白。生活是快节奏的，是我们没有办法控制的。但是我们可以让自己的心慢一点儿，留下时间去欣赏身边的风景。想到这儿，我不禁笑了，我知道自己成长了。懂得欣赏生活中的美好了！

我快步下了公交车，向下一个目的地走去。

成长的快乐

董天宏

"儿子，去帮我交一下话费！"

"啊？我去？"

早晨，我正埋头读书，爸爸的话如一记惊雷将我惊醒。要知道，以前我在家可是"两耳不闻窗外事，一心只读圣贤书"，像交话费这样的事哪能轮到我头上。

"爸，为什么要我去？你自己去呗。"

"不行，你以前从不干事，该锻炼一下了。"听着老爸斩钉截铁的语气，这事是没商量了。尽管心里一万个不愿意，我也只得愤愤不平得换上鞋走出家门，思绪不由得飘回小时候。

记得小时候，我总是像跟屁虫一样黏着妈妈。一旦妈妈离开我，我就一边带着哭腔，一遍拖着长音大喊一声"妈妈"，又向她飞奔过去。但妈妈常去菜市场买菜，又不能把我丢下，就把我带着。菜市场可真热闹，人来人往，喧闹声盘绕在上空久久不肯散去。小小的我对一切都充满好奇，妈妈买鱼时一松开一直握着我的手，我就蹲下去和盆里的鱼玩。玩得太忘我，一站起来妈妈没有了。这时我总是一边大哭一边喊着"妈妈"，心急如焚却又无计可施。最后还是妈妈满头大汗地找到我。看到妈妈后，我又破涕为笑。

走在路上，我的大脑中不由得想象起来："店里是什么样的？工作人员会干什么？我该怎么说？"不知不觉已走到店门口，刚出家门时还阳关明媚，现在却被一大块乌云挡得严严实实，好像有什么不好的预兆。我不敢多想，鼓足勇气推开了门，店里只有一个柜台和两名工作人员，两队人正井然有序地排队等待着。听见声音，大家都不约而同地回头看我，我有点儿呆住了，但很快大家又把头扭回去各干各的事，并没有对我的进入有多大的反应。我想：看来还蛮轻松的。

"您好，要办什么业务？"

"充话费。"

"电话号码？"

"……"

"充多少钱？"

"两百元。"

我把钱给了她，工作人员在键盘上敲击了一阵，"办好了。"

"好，谢谢。"说来也怪，我这么紧张，居然还能这样有礼貌。拿着收据单，我迈着轻松的步伐向门口走去。

打开门，清新的风扑面而来，像是为了嘉奖我的勇气。鸟儿的鸣叫更悦耳了，太阳也驱散了乌云，显得更耀眼了。到了家，我兴奋地说："老爸，办好了！"老爸"哦"了一声，但眼神中却透露着一股无法抑制的喜悦。

成长，有风雨，但更多的是彩虹；成长，有乌云，但更多的是阳光；成长，有悲伤，但更多的是快乐。我想，成长并不只是躯体的成长，更是能力的成长，勇气的成长，意志的成长。

成长真快乐！

成长的遗憾

马祎阳

夕阳，消失在西边的天际线之中。灰暗的天空里，残留着几丝余晖；远处寂静的河滩上，残留着一个个脚印；过去的记忆，眷恋地留在我的脑海之中。

路灯下，宽阔的道路上车水马龙；广场上，广场舞的伴奏声此起彼伏；小区里，精致的人工水景展现着欧式风格。

我坐在窗前，在题海中苦苦挣扎。抬起头，摘下度数渐深的眼镜，眼前也仍然只有"被灯光漂白了的四壁"，它与雪白的作业纸，一起使我心烦意乱。看着灰暗的窗外，我抱住了头，脸颊贴在作业纸上，抱怨着这样的生活简直如白水般枯燥无味。轻轻地叹了口气，闭上眼睛，开始那没有头绪的回忆，童年时的生活出现在我的脑海里。

那时，奶奶家还在乡村。每到夏天，奶奶家的田边开满了各种野花，时不时还有蜻蜓与蝴蝶飞过，这便是我嬉戏的场所。那时，我还小，天天像小尾巴似的一步不离地跟在奶奶后面。曾经，每当听到奶奶扛着锄头呼唤我下田的声音，是我最高兴的时刻。伴随着亲切而又温暖的声音，我快速地穿好鞋子，屁颠儿屁颠儿地跟在奶奶后面，走进离家不远的田地里。

在奶奶农忙时，田野便成了我的"天然游乐场"。那整齐的由田埂隔成的一块块土地上，似乎有着无限的乐趣。不说那五彩斑斓的花朵、整整齐齐的秧苗，单是在田地间穿梭、观察，便有无限趣味。找定位置，蹲下来，仔细盯着那在土里穿行的蚂蚁，目光紧紧跟随着它，想弄清它是从哪里来；有时还会遇见西瓜虫或瓢虫，放在手心上细细把玩，觉得无趣了便随手一丢，它飞过草丛，无影无踪。

田边不远处是一块小小的河滩，一条清澈见底的小河在缓缓流淌着。那里的水并不深，所以奶奶放心地让我在河滩上玩耍。我经常光着脚丫，蹚着水，看河水里的鱼欢游，水草摇摆；看岸上的蚯蚓蜿蜒，青蛙蹦跳。我沉浸在美妙的田园风光中，直到夕阳西下。

亲切的呼唤声从远处传来，我抬头看看天，再摸摸肚子，已是晚饭时分。我丢下手中的小木棍，向着声音的方向奔去。

"吃饭啦。"奶奶的呼唤声将沉浸在回忆中的我拉回了现实。我抬起头，看了看挂在墙上的钟，又到了吃晚饭的时候，而我却没有丝毫的饿意。

不经意间看向窗外，夕阳早已在阴云的掩护之下，消失在天际。夜幕，彻底笼罩着大地。我似乎伫立于一片森林之中，没有高耸的大树，有的只是一座座由钢筋混凝土筑成的高楼。

走出房门，我注视着奶奶，她的脸上多出了些许皱纹，头上增加了许多白发。在灯光的照射下显得朦胧而模糊。看着奶奶那闷闷不乐的样子，我忽然明白了，一切的根本原因是原先的乡村与农田已不复存在，那端着一碗饭吃遍全村菜的农家日子早已被关门闭户的小区生活取而代之。

在奶奶的眼里，广场舞那刺耳的伴奏声，远没有乡村里打谷场上的劳动号子富有节奏；小区里精致的人工水景，远不如农田边蛙鸣的池塘与潺潺的小河富有灵性。没有了蓝天，没有了绿树，没有了虫鸣蛙叫，没有了邻里，而只有这高耸云端的冰冷的高楼！

我知道，我的童年再也回不来了。虽然树叶落了可以再长，但是逝去的年华却不可倒流。童年的生活，已消逝在似水流年里；城市的发展，淡漠了人与人之间的情谊。

童年时的时光已经成为我心中最珍贵的记忆。纵然时光流逝，这段美好记忆将永存心间。

那天雨一直下

三张试卷,一场暴雨,一个夏天,散了六年……面对陪伴了我六年的恩师、母校,我所做的只是沉默。

离别那日,雨一直下……

那天雨一直下

汪明瑞

那是一个闷热的傍晚，阳光褪去了白日的炎热。炎热的风像火似的拂过发梢，校园中的那棵参天梧桐下，一群熟悉的面孔在嬉嬉笑笑，鼻翼张吸之间，阵阵栀子花香若有若无地在空气中弥漫。谁也不曾料想那竟是最后一次的相聚。

夏天暴雨前的空气像一块石头压在人们的心头，大屏幕上"毕业典礼"那四个大字刺入眼眸，和你们在一起的一幕幕在脑海中回放……

还记得吗？我们第一次见面时，拉着父母的衣角，满怀对学校的憧憬，走进了一班这个大家庭，六年来我们笑过，闹过，哭过，累过，吵过，但从未分开过。我们第一次春游，那天在路上，我们手挽手坐在大巴里，吵吵闹闹的，分享彼此的零食；我们的第一次拔河比赛，每一位同学都全力以赴，一只只稚嫩的小手，铆足力气，即使处于劣势也没有一位同学轻言放弃。我看见豆大的汗珠从脸颊流过，每一个人，无论是比赛人员抑或是啦啦队的同学都拼尽全力；我们第一次肩并肩在阳光下奔跑，三五成群，手牵着手，操场上是我们飒爽的身姿。

雨，先是一滴一滴地洒下，细细的雨点打在我们的衣服上。伴随

着学弟学妹悠扬的骊歌，老师们恳切的寄语，母校殷切的期盼……雨越下越大，离别的忧伤像夏天不经意的暴雨涌上心头，眼泪情不自禁地涌出，随着雨点顺脸颊流过。雨点打在树叶上发出沙沙的响声，在地上溅出一朵朵水花。

我们在暴雨中拥抱着彼此，我明白这是我们最后一次的相聚。从今天开始我们就将各奔东西。

三张试卷，一场暴雨，一个夏天，散了六年。

请允许我最后一次牵着你们的手，在老师的目送下走出校园，走过我们走了六年的路。迈出校园的那一步，我们终将分开，紧握着的手终将放开。请相信每一次离别都是为了更好的相遇，下次见面时我们还欠彼此一个微笑。

透过车窗，看到人来人往的校园，雨淅淅沥沥地打在车窗上。所谓的大悲无言吧，面对陪伴了我六年的恩师、母校，我所做的只是沉默。

离别那日，雨一直下……

不想说再见

郑志轩

2015年6月26日，这个日子值得我永远纪念。

依稀记得那天的雨下得不算大，我在教室里正在做小升初的数学卷子，这是小升初考试的最后一张卷子。检查完了，我就在座位上发呆，桌子上的木板皮或多或少被揭掉了一点儿，露出褐灰交杂的颜色，仿佛在讲述一段段故事。这张卷子只要一交上去，我就可以"义无反顾"地走出小学校门了。

墙上时钟的针指到四点，还有一个小时。一层若有若无的雾铺在钟表上。

小学六年，进校时觉得这么长，离校时觉得这么短。

晴天里，我们在操场上玩耍，风掠过时，树叶与灰尘腾空而起，飞沙走石，天空瞬间在飞舞的灰尘中若隐若现，阳光在里面如同一盏台灯；雨天里，我们依旧在雨中穿梭，浑身湿透，被老师家长各训一顿，甚至感冒也"在所不惜"，操场上或大或小纵横交错的溪流，我们在缝隙间穿梭奔跑；老师在课堂上讲课，我们在下面听课，风吹树叶发出簌簌的声响，就像一阵阵雪从叶子上滑落，柳絮如同一艘艘载着希望的小飞船，腾空而起，在阳光温和的照耀下远航……这一切，都被墙上这个可恶的时钟带走了。

不知不觉，六个春秋如同沙漏上的沙子，现在仅剩四十分钟了。

雨慢慢变大，风如同丧家之犬，在楼道里六神无主地奔走呼号。

记得今天早上，一位同学跟我说："这次期末不用拿成绩单了，考完试直接走人就可以。"我感觉有点儿说不出来的怪。天上铅灰色的云如同海啸掀起的阵阵波涛一般翻滚奔涌。

今天早上语文考试的作文，我写的是一个雪天里我衣服湿透，老师把我妈叫来给我换衣服。那天整个操场被雪铺成了一片银装素裹，我摔倒了，整个人深陷于雪里，同学们把我扶起来。一部分人七手八脚把我拖到走廊尽头，一部分人跑去老师办公室。不久老妈来了。当我略有害羞"摇身一变"地走进教室时，老师招招手让我进去。台下同学投过来的眼神有平淡，有幸灾乐祸，有偷笑，甚至还有窃喜。我不免有种下课被人围观嘲笑的预感，惴惴不安地坐回座位。后来我得知，有位同学因去办公室滑倒而遭受与我同样的命运。

"叮叮叮……"一阵突然爆出的响声把我从回忆中拉回到现实，至此，我觉得有一种忧伤，离别的忧伤，淡而清晰的忧伤，如同一阵雨雾笼罩整个学校。所有人走出门时，面无表情，像一个个木偶人。

一小时，仅仅只是一小时而已，让我得以盛回点点难收覆水。过去五味杂陈的六年，一段欢笑眼泪并存的过往，在一阵阵忧伤和悲哀中流过。我终于明白上午我为什么没有庆幸能过一个不受成绩困扰的安稳的暑假，因为我还想借着拿成绩单的时间，见见这些陪我度过六年的老师同学……

2015年6月26日这天，我握着一把雨伞，在铅灰色的天空下，在洋洋洒洒的雨雾里，在小学校门的注视下，跟那些朝夕相处的同学说声"再见"，然后踩着水洼溅出水花，渐行渐远……

路推着我向前走去，但我真的不想说再见。

梦回童年

陈 浩

我把头转向窗外，一片喧嚣：有大爷的收音机声，有小贩的吵架声，有汽车发出的鸣笛声……总之，这个中午又睡不成觉了。

我躺在床上，思绪万千。脑中突然出现了一个曾令我日思夜想的影子，一个僻静的小村庄。我的意识渐渐回溯到四五岁时，那的确是我最快乐的时光，现在是，以后也是。

那个小庄子，坐落在城市的郊外，在整个村中并不突出。连在一起的朴实平房，如海岛边的礁石，有时密，有时疏。老家对面，有一个园子，那边叫花厂，是农民们农闲时去干活的地方，也是我儿时的游乐场。花厂并不漂亮，枯草遍地，一堆堆不知放了多久、上面遍布着长满草的沙堆，还有一条条小土路以及长长的地沟，其余地方便是树苗、温室什么的。

我想着，想着，就模模糊糊地看到了儿时的我。

"小佑，出来！"我与弟弟高声喊道。声音穿过稠糊糊的空气，片刻之后，一个小男孩儿啃着冰棒，连蹦带跳地跑了过来。"去哪儿玩？"他嘴中含着冰棒，含含糊糊地问着，弟弟也用征询的眼光看着我。"走，去花厂！"我嘴里喊着，身形早已在土路上了，他俩连忙跟了上来。

"嘿嘿，咱们来挖条小水沟吧。"我心虚地望了望四周，见没有人影，才嘿嘿笑道，一边还捡起了一条竹竿儿。他俩一听就来劲儿了，纷纷捡了竹竿儿，像模像样地挖了起来，在我们的共同努力下，一条小沟便由水管口伸到了纵横十余里的地沟中了。

弟弟很兴奋地跳入其中踩了几脚，再跑上来"哗"一声拧开了水管口，在我们的注视下，一条水流慢慢地由我们挖的小沟流进了一米深的地沟中，聚成了一摊水，越聚越大，很快变成了一个极小的池塘，"成了！"我们欢呼着。

一个高瘦的约莫六十岁的男人过来了，皱着眉凶巴巴地问："你们弄啥嘞？"

"为民造福！"我得意扬扬地抛下一句，便领着弟弟和小佑溜走了，虽然我当时并不知道那四个字什么意思，反正是电视上说的！

眼前的景色变了又变，变成了落叶纷纷。

当时爷爷做了几把弓，分给庄子里的小孩儿，我和弟弟又是这儿招呼一串，那儿拉来几个，搞了一场"射箭比赛"。一声"开始"，我们一哄而散，找"箭"去了。几分钟后，大家手里都抱着一些细长而圆滚滚的东西，纷纷对着头顶的树叶拉弓，我比他们稍稍年长一些，不过也就大那么几天，但毫无疑问，我的技术是最好的。有好几次我的"箭"都穿透了叶子，卡在那儿不下来。于是我又乐呵呵地爬上树，对着树枝摇着，树叶被摇下不少，其中就有被我射中的，我得意地炫耀着自己的战果，他们也不甘示弱，一时间，地上到处都是树叶和庄稼秆子。

渐渐地，小村庄的身影从我的视野里淡去。我猛地从朦胧中惊醒，看着水泥墙，听着嘈杂声，忽然有一种说不出的失落、惆怅。

我一直盼望着回家的那一天，我梦里的故乡啊，何时才能与你相逢？

我快乐的童年啊，愿你常驻我心。

追忆童年的快乐时光

刘亚璇

翻老妈的QQ空间时，偶然发现一张小时候的照片，不禁发起了呆。

这是在哪儿照的？未贴瓷砖的水泥阳台，半开的木框玻璃窗，叶子绿得发亮的枇杷树……看到这儿，我突然惊醒，才发现几年前的那个地方，已经在我的记忆中渐渐淡去了。

我在市中心一个不太寻常的地方长大。准确地说，它的四周全是现代化的高楼大厦，唯有一墙之隔的大院里，还是六层楼的老房子，甚至有一家独栋屋顶上还大面积铺着瓦片，显得古朴无比，却又格格不入。房子着实旧了些，但环境没的说，就像个没有人打理的小型植物园。我还曾与朋友去竹林里挖过笋子呢！

那片蛇莓地我很是喜欢，不为别的，就为蛇莓的模样。鲜红鲜红的，像得到了最多阳光、成熟的番茄，不过我所见过最大的一个，也不过大拇指盖大小罢了。记得一次因为贪吃，大家忍不住摘了几个来尝尝，也没品出什么滋味。倒是一个有"才学"的惊呼有毒，于是几天里我们无不忧心忡忡，告知家长可能还会挨说，只好瞒着。好在只有一个身体不大好的拉了几天肚子，其余人都安然无恙，不过以后再也不敢乱吃东西了。

柿子树是大院里最寻常的，结了很多柿子。我从不讨厌吃柿子，但见得多了自然也没胃口。一天在大院里闲转，取下只红柿子在手中把玩，路过只找食的小白猫，我撕去柿皮，放在地上远远地望着，那小猫虽只是舔了几口，我却也是很欣喜了。

春日，我用小纸盒养了几条蚕，蚕是老爸怂恿养的，我一向对虫子一类的生物没啥兴趣，不过找桑叶倒是挺积极。手中拿个保鲜真空袋，树上的桑叶一片片跳入袋中，运气好还可以摘到紫红的桑葚，酸甜酸甜的，比先前的蛇莓好吃不知道多少倍。

后来的日子里，大院被拆迁了。说意外，也在意料之中。毕竟市中心，这里还是显得老旧了些吧。再路过大院，已然一副废墟模样。我心中空空的，好像有些东西遗失了。

"哟，干吗呢？"老妈走过来，瞅了瞅手机，愣了一下，随即笑道："才多大啊，就这么老成，都开始怀旧了！不过以前住的大院……环境心情各方面……的确比现在更好啊。"

放下手机，我明白我再回不到那儿。但那份快乐会放在心间，它也将教会我在滞留的每个地方，认真快乐地，用心成长。

我们班的"智能管家"

晋品婕

"哎！你搞什么？"

"喂，站住！为什么迟到？"

"头抬高一点儿，不然对眼睛不好！"

班里经常出现这样的声音，这声音浑厚而有力，最后的声调总是拔高，带着一种义不容辞的味道，只是……很少有同学听他的，可他不管，该出声的时候一定出声，他就是咱们班胖胖的却很憨的副班长——杨宇晨。

他的五官中最突出的便是他大大的、水汪汪的眼睛，这使他看起来有点儿像混血儿，他的鼻子也挺大的，但这使他看起来格外的憨厚。

有时上课了，但班里同学却还在外面，他便会眼睛一瞪，鼻子一挺，"人都到哪里去啦？"

身为副班长的他就如我们的"智能管家"一般，能把每件事都处理好，但是呢？过程实在是太混乱了，就比如说上学期的朗诵比赛，老师交给了他负责，说了一声"你们要服从杨宇晨的安排"，就不管我们了。

找素材、拉人员都十分顺利，直到那次彩排。

"站好！"他大喝一声，"排队形！"同学们先都愣了一下，然后依然三五成群地你聊你的，我聊我的。他急了，原本就大的眼睛，一瞪，更大了，眉毛鼻子都移了位置，五官都凑在了一起。他用那低沉的嗓音吼道："中午都不想回家了是吧！"这么一说，同学们倒是都静下来了，接着他便唠叨起来了，"你个子矮，站前面。""哎呀，你太高了，应该站在后面。""这样站不好看，换个队形吧。"……

站好了之后，他又在自言自语："你好像有点儿矮。""你好像看不见了。""你需要再往前站一点儿吧。"俨然就像一个小管家似的。他不仅考虑到了我们的身高，还考虑到队形的美观，然后又考虑到了我们的出镜。管家先生啊，你真的是为我们操碎了心，但麻烦您考虑到我们的休息好吗？我肚子都饿半天了啊。

在日常生活中，"智能管家"也是无处不在。说到"智能"，每次广播下课都会有十分"欢乐"的音乐，但他总是说："太烦人了！"要是今天的心情好一些，他就会开个玩笑："我肺都气得炸了！"每到这时班里的一部分同学就会偷偷地笑，另一部分同学则小声呼唤"杨宇晨"。这时"智能管家"就会搬个板凳，用他笨重的身躯，灵活地爬上椅子，然后轻松拔掉一根电线……这可真可谓"专业"人员啊！

微机课下课时，也是管家先生发光发热的时候，因为有的粗心的同学往往会把微机书带回教室，然后"智能管家"就会一边说"怎搞哦！"一边带着书冲向微机室，直到上课了，才喘着粗气走进教室，然后一个同学站起来弱弱地喊一声："杨宇晨，这还有一本……"

呵，怎么样，这"管家"可不是那么容易当！

"两面派"赵老师

熊旻昊

　　记得刚入学的那天，阳光明媚，阵阵的微风吹走了炎热干燥的暑气。

　　可是当他进教室时，教室里的灯光似乎变暗了些，每个同学都把头低着。只见他小小的眼睛像鹰眼一样，扫描着教室里的每一个角落。那犀利的眼神，皱着眉头，给人一种不怒自威的感觉。我心里盘算，这么"恐怖"的老师，今后有罪受了。其实，他有两个截然不同的性格。

　　他的要求很严。上课时不能做一些搞怪的动作，不能用手托着下巴，不能不记过程……如果你不小心违反了，那可要注意了，他准不会让你吃得了兜着走。

　　有一次，他讲课达到了高潮，正在这时，一个不知天高地厚的人身子痒痒了，竟然把头靠到了后面的人的桌子上，并把书盖在了头上，一副悠然自得的样子，正当他要去见周公时，讲台上传来了一阵狮吼："那个在看戏的人站起来！"那个"幸运儿"才如梦初醒，站起来，好像还不知道发生了什么似的，装着一脸无辜样。他瞪大了眼睛，犹如一对巨大的铜铃，微微能看见他的眼睛有些红肿，眼里也有红红的血丝。他几个箭步就从讲台上冲了下来，"你听不见吗？"只见,那个"幸运儿"一脸惶恐,只得默默地站了起来。一下子,底下的声音都戛然而止,静到连掉根针的声音都听得见。

他虽然很严厉,但有时也很幽默。

有一次上课,在讲题目时他打了一个比方:一天,学校开家长会,有三个家长牵着三只狗来到了教室,家长会开完了,那三个家长结果只牵了两只狗。这就是告诉我们不要把题目抄错了。开完家长会,一位妈妈牵着狗来到了商场买东西,在坐扶梯时,慢慢往上上,结果只见狗的头上来了,而身子还在下面,这位妈妈吓了一跳。这就告诉我们,平移要都移动。这位妈妈受了惊吓,回到家,就让儿子给她倒一杯水,结果儿子给她倒了一杯自来水。这就是要我理解题意。这一连串的比方,让我们全班都哄堂大笑,恨不得把屋顶都掀起来。

他的严厉就如一把利剑,在我们的心里刻下一次次的教诲;他的幽默就如一剂良药,让我们把烦恼都抛掉……他始终在为我们着想,想让我们在快乐中学习,为我们操心,他的眼睛就是很好的见证。

这就是我们班的"两面派",这两面都让我们更好地学习,他就是我们的数学老师——赵老师。

上官小何

吴云鹏

从刚入学军训开始,这个人就引起了我的注意。他大大的身板,大大的手,大大的眼睛,大大的嘴。

这天阳光明媚，我们本该在家享受剩余的假期。可是我们却像呆板的稻草人，顶着烈日在操场上站军姿。

小何和我都站在第一排，身后总是传来教官训斥同学的声音："你在干什么，不要做小动作，有事打报告，别动了！"我也觉得这太阳真刺眼，照得我可难受了，多想活动活动呀。只见小何却像大树般立着，一阵风吹来，树叶一点儿都没动。我用余光看见，他的手紧贴着裤缝，身体前倾，宽大的肩膀直挺挺的，活像一块盾牌为我们挡去艳阳的攻击。

小何原名何俊鹏，与我的名字相似但也不像。可老师们总是要变成大马虎，课上点名时，一着急就喊"何云鹏"，我们都蒙了，也不知该怎么办，我回头看着他，就见他已经站起身来回答完问题了。别看他个头大，动作可真快。

每次一下课，就看他大大咧咧地跑过来，不是和我小打小闹，就是看他张牙舞爪做鬼脸，宽大的脸盘子经过加工看得人直发笑。他把手一托，眼睛被挤成斜缝，再一皱眉，他还说这样帅，瞧他认真样儿，我只能一边笑一边赞同他的看法了。

每次到体育课长跑时，我们的队伍十分乱，他也不例外。我好好地在前面跑，却冷不丁遭到一击"黑虎掏心"，又见一道黑影扬长而去。不用说，准是他，我看他这么横，二话不说立刻追上去，"上官小何，你别跑！"一顺口我便喊出了这个名字，于是他有了一个神似大侠一般的名字。可他越跑越快，两只手背在身后，身体重心向前飘到队伍之前，还颇有大侠风范！我在后面穷追不舍却差点儿笑趴，他好好的严肃形象全然失踪了。太阳也对他充满兴趣，在后面追赶，顿时，我们浑身的劲儿都晒干了，只好结束这一闹剧。别人长跑是煎熬，我们长跑纯属娱乐。

每次别人听到我提起他的名字总是很感兴趣，也感到很神秘。

"石头"记

王海博

石头,并非是真正的石头,而是我的一位好朋友——张屹石。

他,长得不高,却像石头一样坚硬,跑起步来,更像一个缩小版的石头。他的脸,永远红扑扑的,像苹果一样。

说起他,还真要说说他的认真负责。

他是英语组长,英语的每个模块都要背书,组员背书的检查当然是在组长这儿过关。

"啊!"李皓瞪大了眼睛,"我都背一半了呢,检查个背书拿书干吗?"

"那不成,你不会背?"那天下午,他在座位上写作业,李皓去找他背书。石头刚刚转身准备拿英语书时,李皓便开始背书了,他不紧不慢地拿出英语书,翻到要背的那一页。

"慢着,从头开始背,刚刚拿书,不算。"

这一幕,刚好被准备去找石头玩的我看见了,"石头,检查个背书怎么那么严格啊,要是这样的标准,我也过不了。"

"万一有错,我没有检查出来,不就一直错了下去吗?以书为标准,才能保证正确。"听了这番话,李皓也不好说些什么,从头背起。

石头做什么事都十分认真负责，不光光是检查别人，对自己的要求也很严格。

英语课前，总是有五分钟左右的读书。

一次，课前读书时，我偷懒假装读书，慢慢环顾四周，发现好多同学都在偷懒，我的眼光向石头投去，却发现周围的一切似乎和他没有关系一样，任凭同桌嬉笑打闹，对他似乎根本没有影响。他，端正地坐着，手里捧着本英语书，复习旧文，预习新知。

下课时，我好奇地问石头："课前读书的时候，你怎么那么认真，你看你周围的人，都在嬉戏打闹。"

"课前读书是老师要求的，当然要认真对待，其次，这五分钟的时间，既可以复习昨天的旧知识，还可以预习今天的新知识，这不是个两全其美的办法吗？"他耐心地说。

"这样说来，也是哦！"我若有所思地点了点头。

他，小石头，张屹石，做事认真负责，对什么都很上心，做事不慌张，井井有条。

他，就是我们班的石头。

黑　哥

王乐舒

说到我们班，能让人印象深刻的人可不少，来我班参观，就像到了动物园，当然，这只是个比喻。我就说一说最让我印象深刻的学霸——黑哥。

话说让人纳闷儿的一定是"黑哥"这个名字吧，这名字可"大有来头"，源自于一场考试……数学考试结束后，课代表用嘶哑的嗓子大声喊着："收卷，从后往前传！"我收走后座，也就是黑哥李墨承的卷子，发现他的姓名栏上只写了两个字：李黑。这可乐坏了我，当即就告诉了别人，袁霄知道后边大笑边对他喊："李黑，这名字挺顺口哈！"我大笑着递回去，而他呢，看到后大叫一声："哦！我名字竟然没写完！"然后就"唰唰"两下大笔一挥，补完了。但我们这些好事者怎么可能放弃这宝贵的机会？于是就每天"黑哥好！""黑哥早！"地叫着，很快这件事被闹得"满班风云"，大家都不再叫他的原名，在他头上的只有"黑哥"二字。而他一开始是生气的，后来也就认命接纳。

那为什么不喊李黑，而要叫"黑哥"呢？这又是另一回事了，这里就关系到他的外貌了。黑哥一双小小的眼睛闪出睿智的光芒，当然，这可不是我的心里话，是他自己这么说的。他的鼻子下面有一行淡淡的胡子，把他的年龄拉高了好几岁，并且他的嘴巴里经常冒出一些我们听不懂的话，再加上语重心长的语气，活像一个老大人。所以啊，我们叫他哥。

黑哥在我们班还是个学霸，并且，他颠覆了我对学霸的认知。在遇见他以前，我一直认为学霸都是书呆子，很古板，但看到黑哥以后，我立马打消了这个想法。他在班里对一切都表现出漠不关心，他管这叫淡薄世事尘埃；回家后还经常打游戏，他管这叫愉悦身心。尽管如此，他的成绩还是十分优秀，恨得我们牙痒痒。

黑哥更不像别的好学生那样循规蹈矩，他有时会违抗班干部的命令，为犯了一点点小错误却被班干部记名的同学出头。有时他面对别人的开玩笑反而自嘲起来，跟别人一起把玩笑开下去。也会在课下和我们一起偷偷地调侃每位老师。这所有的一切，都使大家对他的印象非常好。

嘿！我们班的黑哥！

活宝"赵烦人"

沈悦珺

说到我们班的活宝，想到的肯定是赵子荣。此人不是一般的"烦"，不然老师们也不会赐他一外号"赵烦人"。

可别说，他名不虚传！

上课铃响了，大家都在下面叽叽喳喳地你一句我一句，台上的班长与班干部一直在讲台上维持秩序，被点到名字最多的不就是赵子荣嘛。直到数学老师李老师快进班时，大家才安静下来。

刚上数学课还没多久，外面的天空就阴沉沉的，教室里的光线暗了些。在这种环境里上枯燥无味的数学课，心情难免会烦躁。

突然，李老师停止了说话，大家疑惑地看着李老师，等待他接下来的话。"你们可知道刚刚赵子荣做了什么动作吗？"大家回头看了看赵子荣，又看了看李老师，摇了摇头。"来来来，看哦，他刚刚是这么做的。"说着，李老师头仰着，将数学书遮在脸上，嘴巴张着，模仿着刚刚那"精彩"的那一幕。"哈哈哈！"教室里突然爆发出笑声，赵子荣不好意思地笑着。最终的结果就是——赵子荣被"请"起来……

"赵子荣真烦，以后就改名为'赵烦人'得了吧！"

他虽然很调皮,但是那次的音乐课让我大开了眼界,改变了我对他的看法。

那次的音乐课是赵子荣来表演节目。只见赵子荣背着吉他走上了讲台,表演开始了,优美的琴声仿佛从他的指尖中流泻出来,唱着歌,弹着吉他,表情上那股认真,与平时那个爱搞笑的赵子荣完全不一样,台下的同学没有一个说话的,静静地欣赏着音乐,直到一曲终了,班级里才爆发出热烈的掌声。

我们的"活宝"就是这样,他总是能给人带来惊喜与欢笑。

风雨中的妈妈

张志飞

还记得那是一个晴朗的早晨,我正要出门上学,妈妈提醒我要带伞,今天有可能下雨。我看了看窗外艳阳高照的天空,不以为然地说:"不用不用,这么好的天气,怎么可能会下雨呢。"说完还没等妈妈开口就跑出了家门。

到了中午放学时,我看着走廊外瓢泼的大雨,心中不断地叹气,后悔早上没听妈妈的话带伞,看着同学们一个个打着伞离去或被家长接走,我十分着急,寒风阵阵中,我身上竟出了一层冷汗,而这恼人的天气似乎和我过不去一样,反而越下越大了。就在这时,我在雨幕中看到了一个模糊不清而又无比熟悉的身影,正迎着风雨艰难地向我走来,等她走近,我终于看清楚了,那是妈妈。

只见寒风裹携着豆大的雨点向她打去，雨水已经打湿了她的下半截裤子，风灌入了她那宽大的棉袄里，像个气球，将她的脸衬得更加瘦小了，妈妈憔悴的脸上有些煞白，嘴唇发白，深陷的眼眶有些发黑，妈妈看到了我，脸上立刻露出了微笑，"宝贝等久了吧。"一边帮我穿雨衣，一边嘘寒问暖。妈妈把我裹得紧紧的，生怕我淋到一滴雨，把我抱在怀中，与我紧贴着打着伞走入雨中。

我低着头，慢慢地走着，妈妈还在给我解释因为什么情况接迟了点儿，突然我鼻子有种酸酸的感觉，眼睛湿润了，想到平时总是跟妈妈反着干，有些叛逆，心中想着我以后要好好听话，做个好孩子，少让妈妈操心。突然，我感到妈妈瘦弱的身体是那么的高大，我想世上最大的爱，莫过于母爱了。

感谢有你

李浩清

北风灌进了嗓子里，好疼……

我漫步在回家的途中，飘飘扬扬的雪花落在我的身上，映着昏暗的灯光。马路上空无一人，唯有一辆破旧的面包车停在旁边孤零零地陪着我。

冬天不知何时变得这么冷，滴水成冰且不说，就连全副武装的我也冻得瑟瑟发抖，但这似乎都比不上我的心冷。哀莫大于心死，我到现在才明白这句话的深意。遥想当年，我是何等的雄姿英发，可现在，却是如此颓废，考试时做卷子一张比一张用心，但拿到成绩时心却越来越深。就好像一不小心掉进深深的冰河里，游不上来且不说，心里还冷得要命。

路灯下我带着被灯光拉长的影子背着书包，有目的或没目的地向家的方向走去，不知何时回家的路如此的漫长，如此的坎坷……我承认，我有点儿害怕回家，害怕手中和我一样冻得鲜红的分数，更害怕……

这么冷的天，有什么地方能温暖我的心？

仰望着那高不可攀的楼层，那刺眼的灯光，有点儿吓人，可北风却讥笑着把我推搡上了楼。抬起我铅一般沉重的手，真奇怪，用它敲门时却是轻得连自己也听不到，我摇了摇头，想让昏昏的自己清醒点。

门开了，里面却不是我预想的那样，明亮的灯光，香喷喷的饭菜，以及连我也不敢认的妈妈。妈妈似乎不知道我的分数，只是责备我说："怎么回来这么晚，赶紧吃饭，快，趁热吃。"我木讷地坐了下来，心里不是滋味，草草地吃了一会儿，说了一声吃好了，就头也不回地进房间了，我的举动似乎有点儿奇怪，考虑到我平时的举动，也可以说是自讨苦吃。不过，事实证明是我多想了。

过了一会儿，只见老妈端了一杯热腾腾的牛奶过来，我害怕得立马警觉地抬起头，一脸防备和狐疑地望着她，但老妈似乎并没在意我的举动，只是悄悄地说了声："下次努力就行了。"

我的心都顿时不知被什么堵住了一般，恍然间就明白了母亲原来是关心我的，心里很不是滋味，只好端起牛奶细细地品着，北风冲击着窗户似乎在表达着它的嫉妒，大雪在窗外仍自由地飘着，这些似乎没什么要紧的了。我只顾着喝手中的牛奶，牛奶的味道和平常不一样，这个味道是添加了爱的味道。

冬天，尽管屋外大雪纷飞，也会有温暖的地方，因为有你——妈

妈，感谢你给予我爱与温暖。

感 谢 有 你

江卓睿

感谢你陪伴我走过了艰难的成长路。

自打我呱呱落地起，就有一个人一直陪伴在我的身边，不管我是调皮还是安静，玩耍还是休息，她始终没有离开过我。一头乌黑的长发和微微有些臃肿的身体，是她特有的标志，好让我一眼就在人群中找到她，圆圆的脸庞上镶嵌着两颗发亮的大眼睛，这个人，就是我的妈妈。

根据长辈们的"口口相传"，在我刚生下来没多久，肺部就有严重的感染。那时候还不会说话的我只好在病床上苦苦呻吟，妈妈就一直在病床边陪伴着我，帮我擦汗，喂我吃药，有时候甚至整夜都不能安睡，我一被惊醒就开始哭闹，为了不吵到其他病人休息，妈妈只好在医院的楼道里唱歌哄我入睡。

时光飞逝，很快我成了三年级的小学生，因为体质较弱，准备暑假节目的我中暑晕倒，虽然喝了几口水后逐渐清醒过来，却还是有点儿迷迷糊糊，脑海里只记得妈妈心急如焚地抱起我奔向学校对面的医院，不时地用手抚摸着我的额头，带着哭腔不停地对我说："妈妈带你到医院，很快就会没事的。"那几天，我总是听到妈妈说"你有没有哪儿不舒服？""头还疼不疼？"之类的话语，就开始莫名的烦躁，然而我每每露出不耐烦的表情时，妈妈总会"知趣"地停住嘴。

就这样又过了几年，我的脾气开始变得喜怒无常，进入了大人们口中所谓的青春叛逆期。逐渐长大的我就染上了乱发脾气的坏毛病，总是沉不住气，似乎每次一听到长辈们的唠叨声、叮嘱声就烦躁起来，总是有一种无名火涌上心头。那天晚上的事我还历历在目……

"我的作品集呢，你们是不是又给我扔了？"我自以为正义"审问"着妈妈，着实把刚加班回来的妈妈惊了一下，空气凝结了几秒钟，安静的出奇。"你自己乱放东西，不怪我们给你扔掉。"妈妈一边忙着手上的事情一边喃喃自语，声音虽然很低，但还是撕裂了原本就有些难堪的寂静。我自知理亏，不好反驳，一屁股坐在板凳上，低头写起了作业，但心里还是觉得很委屈。

几分钟过去，我又穷追不舍："你明明知道那是我最喜欢的作品集，你为什么要丢掉？"气势没了刚刚的强硬，却还是在用一种我深知不适合对长辈说话的质问口吻，妈妈脸上写满了憔悴，但我还是注意到了妈妈脸部微微的跳动，眼神有些躲闪。

"我不知道你说的是哪本，也许是你自己乱丢掉的吧！"

我再一次沉不住气，像是咆哮的怨声在喉咙里咽了回去，几秒钟的停顿后，还是爆发了。

"明明就是你们乱动我的东西，怎么还怪到我头上！"我哑着嗓子大声吼道，自以为理直气壮。

"是你自己没有保管好自己的东西，到处乱放！"妈妈似乎也喷发了自己的不满与我争吵起来。吵闹愈演愈烈，直到两人都没话说了，才开始冷静，我摔门进入房间，在客厅留下了一个落寞的身影，眼角含泪。

争吵过后，你依然像往常一样做一桌香喷喷的饭菜，睡前会给我倒一杯牛奶，早上准时喊我起床……现在想想我是多么的无知，眼睛早已被悔恨的泪水淹没。

感谢你，在我生病时给予我的温暖和关怀。

感谢你，让我尝尽成长过程中的酸甜苦辣。

感谢你，妈妈，陪伴我走过艰难的成长路途。

感谢有你

朱海波

秋冬，异常清冷，沉闷的空气夹带着刺骨的寒风。空气中夹杂着一丝水汽，天空一片深蓝。街道旁，少许的行人匆忙路过，似乎连车辆都赶着疾驰而去。

我拖着沉重的脚步，走过喧闹的都市。

"吱"，轻轻地推开家门，一丝光亮射了出来，有些刺眼。走进去，发现屋内似乎没有人，异常寂静，偶然几滴水落下的声音，似乎又在吓我，又像在问我："为什么没有人？"

突然，我看见了桌子上的饭菜，伸手一摸，竟然还残有余温。"咳咳咳"的声音在屋子里响起，似乎在倾诉什么，又似乎在掩盖什么。

好奇的我推开紧闭的房门，一眼就望到你躺在床上。床边的椅子，放了一杯水和几粒散落的药。又传来"咳咳咳"的声音，你习惯性地伸手拿水杯，一手竟抓空了。你挣扎着想要坐起来，我急忙丢下书包，跑上去将水递给你，你有些艰难地抓起药塞进嘴里，喝了口水，又发出"咳咳咳"的声音，我赶忙问：

"妈，你怎么啦，还好吗？"

"没事。"

"怎么没事，爸爸呢，要不，我带你去医院？"

"你爸出差了，没事，不用，你先去吃饭。"

"我哪儿吃得下，你先穿衣服，先去医院看看。"

"先吃饭。"

你又在咳嗽，我拗不过你，只好拿起饭碗开始吃，胡乱吃了几口，就让你赶紧起来，去医院。

出了家门，我紧紧地握着你的手，感受着你极低的体温。你的手凉到刺骨，像冰块一样。我握紧了，向医院走去。

或许是我走得比较快吧，发现你竟没有跟上了，还在轻轻喘气，我放慢了脚步，与你一起漫步在这细雨间。

依稀记得，应该是几年前，小时候的我和年轻时的你，也曾共同漫步在细雨间，只是，那时的我们和现在的我们有些许的不同。那时的我，大概七八岁，我走路喜欢边走边玩，每次出去，总是要你等我一番，而你却不恼，还蛮有兴致地看着我。那时，我小，在后，你大，在前。

而现在，你竟有些驼背了，显得有些瘦弱，有些矮小，而我也长大了，不是那个喜欢边走边玩的小孩儿了，长大的我，已有了能够独当一面的能力。这时，依然是一前一后，我长大了，在前，你瘦弱了，在后……

我好想就这么走下去，从乡间的小路走到城市的街道，从年少的我走到长大的我。我只愿身边有阳光，阳光下有你。

继续走好吗？即便你从年轻走向衰老，不要担心，因为，你身边也将永远有我。

我的乐园

李墨承

在我没搬家之前，老房子里的生活可谓是快乐而惬意的——这儿有花，有草，都聚在小院里。

屋子后的小院，虽然不大，但却被妈妈打理得井井有条。春天，墙角一丛栀子花就悄然开放。虽然不显眼，但香气却直钻进我的书房里来。夏天，各色的花都开了，在绿叶的映衬下格外娇艳，香气淡淡地弥散在空气中。但除了金银花，我却说不出其他任何一种花名来。秋天，自是桂花开了。院里的桂树从我记事起就在那儿了，直接探上了二楼，留下大片绿荫。它的桂花，繁繁密密地开了一树，喷吐出醉人的香气，似乎走到哪儿都是香的。冬天，只剩蜡梅开放了，它的香气很淡，不凑近闻根本闻不到。所以，我们家一年四季，花香不断。

最难忘的，是秋天桂花树下的绿荫。记得五年级的时候，我学了一篇课文叫《摇桂花》，对里面的桂花糕很是喜欢，就要妈妈陪我摇桂花，给我做桂花糕吃。不停地叨了二十多分钟，妈妈终于败下阵来，笑着说了一句："好，你去摇桂花，我来做桂花糕。"

于是，我学着课文里，铺上凉席，来摇动树枝。没想到，这棵老桂树竟这么结实，只落下了寥寥几瓣。我十分不服气，抱着枝条，用尽全力摇了起来，脸都涨红了，终于，下起了一阵"桂花雨"。桂花

纷纷落下来，钻进头发里，停在肩头上，还有几瓣，刁钻地跳进了我的嘴巴里。顿时，花香染上了全身。一旁摇着尾巴来凑热闹的小狗，也披上了一袭"花"服，连忙跳到一旁，不停地晃着身子，想把花儿甩下来。

摇到手臂酸痛，终于大功告成了。我提着凉席，把成果送给了妈妈，又提了一把椅子回到树荫下，直接累瘫在椅子上，好一会儿才有了力气。这时，我捧着一本小说，坐在树荫下读着，还不时逗逗小狗。就这样，直至夜幕降临……

再回到这个小院，却已不再是以往那般模样了。所有花都不见了，只剩下一片单调的水泥。桂花树还在那儿，却被修剪去了一圈，显得光秃秃的，突兀地插在水泥中的一片泥土上，阳光把它孤独的影子投向大地。

那个带给我快乐时光的小院已经消失了，只有老桂树在那儿孤独地守候。我明白，离别，是终将要面对的。

我会记住这个小院，记住在这里的快乐时光，将一花、一草、一木都留在我的记忆中。因为这永远是我最珍贵的乐园。

我的快乐时光

任程伟

期中考试在唰唰的笔声中悠然而去。这个周末，我终于能够在忙中"偷"出一天，去干自己最喜欢的事——钓鱼。

阳光从湛蓝的天空中飘落下来，挂到了树林中，拂过了绿油油的叶片，最终停在我们一家人的衣服上。这适合钓鱼的好天气，也适合四处游览。随便找家鱼塘坐定，拿竿、上饵，投向水中……

像以往一样，我目不转睛地盯住水上的鱼浮。水波像顽皮的孩子，不停地骚扰着鱼浮，让它飞速颤动了一会儿。忽然，鱼浮在水面上抽搐几下，随即陷进了水中。我一惊，有鱼上钩了！于是本能地拽起钓竿。可是，鱼钩上空荡荡的，鱼饵被狡猾的鱼儿偷吃了！我只好再次套鱼饵，抛鱼线。

这水塘明显是不怎么干净，也不怎么安静。但在这如此普通的地方钓鱼，我的感受却不普通。心，不知不觉地也静下来，我手捧鱼竿，眼神却开始飘忽不定。只见一只身着黄衬衫的蜻蜓盘旋在水面上，它四处寻觅着一个落脚点。突然，它注意到了我的钓竿，于是愉快地降落在上面，我望着蜻蜓，立刻与它有了共识，今天，蜻蜓的心情应该和我一样快乐吧。

"咕咕咕咕——咯！"一只母鸡在鱼塘的对岸叫唤起来，蜻蜓一下子就被吓走了。随即，一群圆嘟嘟的小鸡接踵而至。它们陆续滚到了鱼塘边，低头啄起水来。有的一不小心把自己沾湿了，连忙立起毛茸茸的小翅膀，抖了抖身子。啊，小鸡们可真别有情趣！我忘了自己在钓鱼，只顾欣赏乡下的风景了。

风又吹来了。远处，一排柏树晃了晃自己绿色的"高"帽子，阳光仿佛也随之颤动几下。小鸡们可不喜欢这风，一窝蜂地躲到了母鸡后面，滚的滚，跑的跑，爬的爬。这些，在喧闹的城市中，是无法表现的。

"钓到鱼了吗？"老爸跑过来。这话才把我拉回"正经事"——钓鱼上。

"啊？还没呢！"我应到。"过一会儿该吃饭了，你就先别钓了吧。"老爸冲我招了招手，我快乐地跑向餐馆，刚才那番乡村风景，真是奇特而难忘啊!

　　生活中并不是缺少美,而是缺少发现美的眼睛。有时,放下手中的"正经事",以闲暇的眼光看看这个世界,可能会收获许多快乐的时光。

我的快乐时光

肖旭东

　　每当说到快乐的时光,我的脑海中就会浮现出一个画面:我斜着坐在树上,美滋滋地,晃悠着腿,吃着刚揣在口袋里面的雪糕,好不悠闲。

　　那可谓是我到现在最快乐的时候了。不是有句话叫"贪玩是孩子的天性"吗?对了,那时的我就是狂玩,疯玩,不顾一切地玩。

　　一放学,我就背上书包,向门外冲出去,在涌动的人群中来回地钻,跑着跑着就跑回了家。我把书包往沙发上一甩,鞋子都没脱,就摊开作业本,飞快地写着作业。"还有七个字!六个字!五!四!三!二!一!写完了!"我把笔往本子上一按,两只脚就迫不及待地窜出了门,下楼去与几个同学集合去了。

　　我家楼下有一个小院子。不必说那缤纷的野花,也不必说那翠绿的小草,单是那一棵普普通通的树,便使我感到无限趣味。那一棵树也不知道是什么树,说高也不高,也就三四米的样子。他的树枝分叉特别低,树枝上尖刺又少,所以就惨遭历代顽童蹂躏,腰也很弯了。

除了下雨天，总是有几个小朋友常常光顾这里，来比赛爬树。

因为分叉低，所以我们会直接用手抓住树的分叉处，一只脚踩着树干，另一只脚顺着力气就蹬上去了。可是我们不仅仅满足于此，他们还会往那些看起来很危险的、细细的枝条上爬。不过我可不敢。这是因为在我很小的时候发生了一次有惊无险的事故。那时我正爬树，正准备向第二个树枝迈进时，手臂刚抓住枝条，腿一迈，糟糕，不好，踩空了！我就只凭两只手死死地吊着，两只脚在空中拼命地蹬着，想要够到上面的枝条，费了好大力气，也没有够到。也不敢跳下来，因为地面对于我当时一米二的身躯实在是太高了。小伙伴们在地下乐滋滋地看着，以为我是在表演呢。后来，我终于鼓起勇气跳下去，虽然摔了一跤，但还是站起来，拍拍裤子继续玩。不过从那以后，我就再也不敢爬树了。

同样，以后再也没有爬过树，也再也没有这般快乐过了。

屋顶上的那棵树

那棵树简直不能被称作一棵树——它既不高大,也不挺拔,甚至连风吹过的时候,也仅仅是摆一摆叶子,不发出一丝声响。它沉默地伏在屋顶上,根本不能引起人的注意,它伏在那儿似乎很多年了,又似乎没有多长时间。它既不是枫树,也不是香樟,更不是充满诗情的垂柳,它仅仅是一棵不知名的杂树。

捉 鱼 记

夏子睿

> 门口的池塘，背后的土山，脚下的乱石，在别人看来，这简直是不能待的地方。而在我看来，那却是我的乐土……
>
> ——题记

"扑通"一声，我跳进了池塘里，水不深不浅，刚好到我的小腿。

夏天的农村，可真热！知了在树上没完没了地唱着歌，路边的小花小草也都被晒蔫了，路上几乎没有什么人，偶尔几个扛着锄头的人也低头快走着，它们都张大了嘴巴想向过路的人们索取一点儿水，太阳无情地烤着大地这块红薯。

小时候，妈妈因为要上班，所以把我放在了奶奶家，但奶奶嫌我是女孩儿，从来就没管过我，任由我自己去玩。那可真是我最快乐的时光！

每天早上起来，吃过早饭就出去玩，和村里的小伙伴一起玩"捉迷藏""老鹰捉小鸡""跳格子"……而我最喜欢的还是和村里的伙伴一起去捉鱼。当我听见"还有人去捉鱼吗？"的时候，我便连鞋都来不及穿好就拎起我的小水桶和同伴们一起去捉鱼了。

"走咯！去河滩捉鱼了！"大人们也不忘送出要小心的嘱咐，而我们却早已没了踪影。

到了河滩边，我们先脱下鞋袜，然后"扑通"一下跳进了河里，一手提着小水桶，一手拿着渔网，看见鱼便捉，忙得不亦乐乎。

下午的阳光不再那么的咄咄逼人，太阳光照在河面上，暖暖的，所以不用担心在水里待久了会着凉，岸边的小花小草也都在朝我微笑，河里的我也很高兴，因为我的小水桶已经装满了，但我却还嫌少，还在寻找着小鱼的踪迹，小伙伴们也不甘示弱，争先恐后地去捞鱼。小伙伴们都嗔怪我把河里的小鱼都捞完了，我笑了笑继续捞鱼，直到奶奶的声音响起："都玩疯了，不知道来家吃饭了！"这时的我才如梦初醒，急忙上岸，其他的孩子也都纷纷上岸，我一手提着我的小水桶，一手拎着我的凉鞋，回家了。

童年是美好的，童年又是那么短暂，现在，我只能在记忆中享受我的童年了。

钓 龙 虾

许 濛

碧蓝的天空下，块块田地并不十分均匀地分布在这广袤无垠的大地上。田地里，上一季的农作物已经收割完毕，正在从周围的河塘抽着水来，为后几天的水稻插播做准备。因为抽水，周围的河塘变浅了，小鱼小虾也开始活动起来。这，便是我的快乐时光。

还记得在以前的这时候，在奶奶的允许下，我兴冲冲地跑出家门。在门口，我只要吼一嗓子，大家就高高兴兴地聚起伙去钓龙虾。

来到池塘，只见龙虾们仍安然自得，没有半点儿危机感。瞧！那两只龙虾正在打架，两只威风凛凛的大钳互相夹住了对方，无奈对方"盔甲"太过坚硬，一时之间僵持不下；在池塘的另一边，一只龙虾在水草中正窥伺着那两只打架的龙虾，只见它头一会儿向上伸，一会儿又猛地一缩，像极了一个狗仔队员！

看到这一切，我们不禁露出了笑容，心中钓龙虾的欲望就更强烈了。只可惜我们手中没有钓竿，因此我们只好望虾兴叹。不过这点儿困难根本难不倒我们，只是周围的小树可就遭殃了。每一棵树都至少是少了一根树枝，我记得有一棵树是最惨的，因为在它身上选择树枝的人很挑三拣四，最终导致它成了"光棍将军"。竿有了，绳子从哪来呢？此时大人们丢弃的破渔网是我们的最爱。而虾饵是最简单的，随便捡个螺蛳壳，弄出螺蛳肉，拴在线上。钓竿做好了，接下来要做的事就是钓龙虾了。

说实话，钓龙虾对我来说既是个技术活也是个开心活。首先我得先找到龙虾，再小心地将饵放下去，要不然很容易就将龙虾给吓跑了。其次钓龙虾也要有耐心。记得在那时，小伙伴们都热火朝天地在池塘的不同地方钓着龙虾，唯有我蹲坐在原处。这不是因为我懒，而是因为在这底下有一只特别大的龙虾的"老窝"。我慢慢地将饵沉入水底，只见那只大虾果然上了当，伸出"大钳"夹住了饵，我兴奋极了，于是立马起竿。嘿！那只龙虾可真狡猾，在我起竿的那一瞬间竟松开了手中的饵，低头只见它在原地耀武扬威似的挥舞着它的武器，然后退回洞中。我的犟脾气上来了，非要钓到它不可。于是我又将饵沉入水中，不同的是它这次没有立即吃饵而是在潜伏。十秒之后又十秒，毫无动静。终于在一分钟后，那龙虾抵不住诱惑，伸出了"手"，在我强忍住心中的兴奋后，龙虾的另一只"手"也伸了出来。见此我立马提起竿来，令我开心的是，那不是一只大虾，而是两只大虾，这使小伙伴们都惊奇不已，惊我为"钓虾之神"。

这之后我们又陆陆续续地钓了一些龙虾，然后在夕阳下背起自己的收获开心地回了家。还记得在那天晚上，整个村子里弥漫着龙虾美食的味道。

现在的我已经长大，小伙伴们也都离开了家乡，过去的美好时光已不会再现，而这成了我心中的留恋。

现在，只要我一想起它，就想起了我过去的调皮、耍小聪明和与小伙伴们的友谊。这是我最快乐的时光。

挑战"大喇叭"

杨洪涛

今年暑假，在好朋友的邀请下，我去了阳光海岸水上世界玩。

下午三点左右，正是最热的时候，如果能在水里待着多好！抱着这样的想法，我和朋友们来到阳光海岸水上世界，玩了许多有趣的项目，但令我最难忘的，还要数"大喇叭"了。

"大喇叭"是一种水上游乐设施，游客必须四个人一组，坐在皮划艇上，从近乎垂直的十几米水滑道上滑下，冲到另一个最高点滑下来，循环往复几次，再冲入尽头的水池停下。

一开始得知有这样的项目时，我就起了一身的鸡皮疙瘩，实在没有想过要亲身体验，但在几个好朋友的"坑蒙拐骗"下，我竟答应他们去试一试！在等皮划艇时（皮划艇是需要自己取的），我抬头望着那令人眩晕的高度，听着耳边不绝于耳的尖叫声，即使在水里，我也出了一身的汗。后来，在朋友们的拉扯下，我才不情愿地走到了"大喇叭"下。从地面到"大喇叭"的起点需要走很高很高的楼梯，每走一步我的心里都"咯噔"一下，望着地上越来越小的人，我的心里越来越忐忑，我几乎是在朋友的搀扶下才到起点的。

好不容易到了起点，我竟开始退缩了，从下面看"大喇叭"果然和临近看到的不一样，那漆黑的入口，仿佛能把人吞噬一般。我想从楼梯上走下去，但碍于"男子汉"的面子，最后还是硬着头皮上了。坐在小皮艇上，望着那黑漆漆的入口，我的心提到了嗓子眼，我不断地告诉自己没关系，只是一闭眼一睁眼的事，但还是忍不住地紧张。终于，趁我一个不注意，工作人员把我们推了下去。在失重状态下，我甚至忘记了尖叫，只是闭着眼睛，任水花打在脸上，感受那忽高忽低极速下降带来的失重感。短短一分钟的游戏，对我来说像过了一个世纪。最后，我们到了地面，在众人的搀扶下，我才下了皮艇。

在阳光海岸，我不仅得到了快乐，也完成了一次自我挑战。

风　景

袁欣然

书桌的一角有一个相框，那是一个小熊相框，上面画的是一栋小房子，站在房前的小熊手里拿着风筝，在微笑的小熊旁边便是张照片。

照片里的背景是一条小路，路两旁是绿叶丛，仔细看会发现草丛中的粒粒野花，似乎是想努力地探出头来，渺小却透着自信的美丽。

路上有三个人，左边是爸爸，右边是妈妈，他们一只手分别拉着的是仅仅五六岁的我。

爸爸必然是高大的，他握着我的手是那样有力，连着结实的臂膀，是能撑起天的，他憨憨地笑着，眼睛都眯成了一道月牙，似乎是很幸福的。犹记得我出生时第一次啼哭的欢欣到女孩儿用稚嫩的童声叫出第一声爸爸的时候的激动，最期待的便是亲朋好友的那句"你女儿和你就是一个模子里刻出来的。"每到这时，他便憨憨地笑着。

在我跌倒，嘴一歪欲哭闹时，他会把我驾到自己的脖子上，大喊一声"骑大马喽！"小小的我便破涕为笑，高举双手，觉得蓝天触手可及；在我生病时，劳累一天的他，会在所有人都进入梦乡的漆黑夜晚，给我一个最宽厚的脊背倚靠，在我的心中，爸爸是这个世界上唯一可以用肚子给我当枕头的人，是唯一在我心情不好发脾气时也能"嘿嘿"用糖果哄我的人。妈妈曾告诉过我一个秘密：在我出生不久的四五个月就拉肚子拉到脱水，一个年过三十的男子汉在看到打点滴的针无情地扎入这个啼哭的婴儿的血管中时，声音里竟夹杂着哽咽，"这是我人生第一次感受到心痛的感觉。"

妈妈身材娇小，笑容羞涩，在平时是极少笑的。我的功课落下了，她会严厉地批评，我的行为出现瑕疵，她则更是恼怒，眉毛一挑，眼睛直瞪着我，愤怒至极会连声痛斥："我怎么会生出你这样的孩子！"

那时，我很小，才刚刚会歪歪扭扭地走路，她便不再搀扶。我第一次跌倒爬不起，又哭又闹时，她只在一旁鼓励"自己起来"。当我从爸爸口中知道这些后，我很难过，为什么妈妈这般无情，我与她血脉相连，本该最爱自己的妈妈为何这样冷酷。直到现在我才明白，母鹰将幼鹰抛下山崖，是为了让幼鹰自己学会飞翔，幼鹰只沉浸于会飞翔的喜悦与自豪，却从没在意母鹰眼里的泪滴。

  在寒冷的冬天，是妈妈哆嗦着身子，只穿一件单薄的睡衣，从温暖的被窝中爬起，去查看我的被子是否盖严盖实；在我辛苦赶作业时，是妈妈冲一杯温暖的牛奶，悄悄递到我身边；在看到我背着沉重的书包回来时，妈妈会立刻停下来手中的事，抢上去拿下我的书包，然后去厨房接受烟火的"洗礼"；在看到我得"优"的作文里的那句"妈妈，我爱你"时，妈妈会不屑地说一句"你听话就行"，然后偷偷快速地抹下眼睛……她也是世界上唯一能在我无数次犯错发火后，依然能违背昨晚"我再不管你了！"的誓言，而准备好丰盛早餐的人，在我的心中"最凶我的是妈妈，最爱我的也是妈妈"。

  小小的我扎着马尾，脸上的笑容则是对未知生活的向往和期待，似是想挣脱爸爸妈妈的双手，向前方跌跌撞撞却依旧努力地奔跑……

  这只是一张极普通的照片，里面是极普通的三个人，爸爸笨手笨脚，妈妈脾气不好，可在这个世界上最爱我的是他们，而我最爱的也是他们，并且，永远是……

  这个漂亮的相框只是我书桌上的一道平凡风景，而里面的照片却是我心里最美的风景，并且，永远是……

我的"奥利奥"

张艳宏

"奥利奥"这个昵称是应运而生的。

一头清新利落的短发，或散着，或扎起，一副红框眼镜让她看起来那么机灵又可爱。她就是我的"奥利奥"，我的杨佳琳。

那是冬天的一个早上，她穿着一套羽绒服。刚一进门，我就觉得她格外可爱。那件羽绒服底色是棕色的，下摆上缀满了白色的小圆点。或许是因为她太可爱了，我一下子想到那款圆圆的饼干——奥利奥。从此以后，我一直都喊她"奥利奥"。

自从有了这个可爱的昵称，我们的关系更好了。每当下课，不是我去找她，便是她来找我。遇到一些特殊的日子时，我们还会互相送礼物给对方。看到她笑得无忧无虑的脸，我会感到这世界更加阳光灿烂，充满活力。

"奥利奥"也是班级的宣传委员。我会帮着她出一期期黑板报，贴一幅幅作品。每次出黑板报时，她总会提前一两天准备素材，构思好版面，再让我们和她一起完成。她不会浪费任何一块地方，尽力让版面更加生动有趣。哪怕是最不起眼的地方，她也会想一个别出心裁的花纹。当她需要将同学们的作品贴在墙上或黑板上时，她总会小心翼翼，生怕将任何一幅作品弄坏了。她是那么的认真，以至于我站在她身边，大气也不敢喘一下。但她那扎起来的小辫时不时地甩两下，身边的气氛顿时又变得活泼了，让她显得非常可爱。

这是我的奥利奥，那个随时都能笑得很开心的奥利奥；这是我的奥利奥，那个无论做什么事都严谨认真的奥利奥；这是我的奥利奥，这是我的杨佳琳。

这是我的奥利奥，虽然我做不了太多，但我希望能一直陪着她，做她最好的朋友，这是我最大的心愿。

我们班的"小明"

陆彦祖

我们班最缺一不可的人就是"小明"——王成轶。

他长得并不是很帅气，瘦瘦高高，皮肤黝黑，瓜子脸上镶着一张大嘴巴和两颗"机灵"的小眼珠，仿佛眼睛一转就能冒出一个歪点子。笑起来，咧开的嘴中露出白色的牙齿，两只眼睛眯成了一条缝，就像两个弯弯的月牙。

他有许多外号，但最"出名"的外号是——小明。这个外号后面还有一个搞笑的回忆。那天数学课，王成轶又因为讲话，而被李老师批评了。李老师说："王成轶啊，你这名字太不好叫了，以后就改叫小明算了。下次你再讲话，我就直接喊：'小明，出去！'好吧？"刚说完，就惹得全班同学大笑。就连小明自己都情不自禁地笑了。

在那次"粉笔风波"之后，我们对小明更加"敬佩"了。小明最大的爱好之一，就是扔粉笔头了。可是，那一天连续两节课，小明都因为扔粉笔头而挨批评了。

第一节是语文课。这节课上，贺老师绘声绘色地给我们讲解了新一单元的课文。整节课课堂气氛都很活跃，直到下课铃响时。那时，贺老师总结本节课的内容。小明坐不住了，便与旁边的同学打闹起来。谁知，慌乱之中，竟把一个粉笔头丢到了贺老师的面前。我心想：不妙了！只听见贺老师一声怒吼："谁扔的！"全班同学都不约而同地望向小明，小明也紧张地站了起来。接下来，小明只能独自承受贺老师暴风骤雨般的斥责了。

第二节则是数学课。结果还是一样，都是以小明被训斥得抬不起头来收场。可是，这次斥责小明的是数学老师，整个学校的说理大王。可怜的小明，只有乖乖忍受的份儿了。

那天，小明真是"祸不单行"啊。

经历了这件事后，小明乖了一个月。因此，班里整整一个月都少了许多欢声笑语。我们班的小明，虽然经常挨批，可是正因为他的存在，我们班才多了许多欢声笑语，生活才更加丰富多彩。

我们班的"小明"

杨佳琳

看到这个标题，你可能会问了：小明？不是经常出现在数学课本里的吗？"小明买了一支笔，又买了两支笔，问小明一共买了多少支笔？"还真是，不过，我们班的"小明"可是一个"实实在在"的人，他的名字叫王成轶。

　　记得有一次，爱恶作剧的小明眯起他大大的眼睛，东张西望，见附近没有人，就蹑手蹑脚像做贼似的蹲到王宇辰的桌子旁，"唰"地一下抽走王宇辰的试卷，然后偷笑着把试卷折成饼干大小，猛塞进窗户缝里。之后又"嗖"地钻回座位，开始了他的招牌式"尖笑"。

　　瞧他！大大的眼睛已经笑成了一条小缝儿，眼角不停地颤抖着，似乎都快要掉下来了。尖尖的鼻子仿佛更尖了。小明一直在"嘿嘿嘿"地"尖笑"，其他人都被他弄得一头雾水。

　　等到试卷的主人回来了，小明又开始"尖笑"起来，用眯成缝的眼睛不怀好意地盯着王宇辰，直到王宇辰发现了他可怜的试卷被一直夹在窗户缝里，便气急败坏地来找小明算账。小明呢，"嘿嘿"的笑声转变成了"哈哈哈"。一手指着王宇辰，脸朝天笑得"花枝乱颤"。起先呢，窗外是太阳高照，鸟儿在棉花似的白云间是自在地盘旋穿梭的，可经小明这一笑，天空中哪还有小鸟的影子？估计呀，都被吓回到树林里了吧。而王宇辰呢，真是无计可施加无可奈何了。

　　小明打嗝也是很有特点的。有时候他在全班最安静的时候，会出其不意间打一串长嗝，惹得全班哄堂大笑。有时候呢，他又会在打一个短短的嗝之后，以一声"喔"作为结束语，那声音，活脱脱一个"母鸡下蛋"嘛。

　　再说说小明跑步的姿势吧，也让人忍俊不禁。他跑步时像是和谁在闹别扭：一会儿像是小姑娘在采花，一会儿又像《乡村爱情》中的赵四，一抽一抽的。两条罗圈腿交错在一起，似乎随时都会相互踩到彼此。两只胳膊边跑边甩，抽风似的，看了就让人发笑。

　　我们班的小明，是班里的捣蛋鬼，也是班里的开心果。正是因为有了小明，才让我们班里紧张的学习气氛变得如此轻松和多彩。

　　抬头望向窗外，棉花糖似的白云惬意地飘在碧蓝的天空中，灰白相间的喜鹊，叽叽喳喳地闹叫着自由自在地飞翔。

我想，正是因为小明，世界上才多了一份天真无邪的笑容吧！

我们班的"哭宝宝"

王宇辰

眼睛水汪汪的，眼眶里仿佛包含着许多的泪水，鼻孔黑压压的，显得异常的大，是他显著的标志。嘴巴也特别的大，这是他的情绪表。肚子圆滚滚的，显得憨态可掬，活像一个小宝宝，能给大家带来不少的趣味。这就是我们班的"哭宝宝"——刘旭晨。

对于我们来说这是一个好天气。太阳在高空悬挂着，万里无云，天空如同水洗了一般，分外湛蓝。小鸟也在枝头欢快地歌唱，空气清新，鸟语花香。

"哇哇哇……"

"哎哟，刘旭晨小宝宝怎么又哭了？哈哈哈……"只见刘旭晨紧紧地握着一张满是红叉叉的数学试卷。脸涨得比红气球还要红。粗大的鼻孔一直喷发着火气。这张大嘴一张一合，活像小宝宝生气的样子。全身的血液随着他的哭声加速流动中，圆滚滚的肚子也跟着不停地起伏着，"李老师怎么能这样！"一边说一边还捶打着桌子。过了一会儿，他好像是累了，坐到了椅子上。

这个时间那可少不了"捣蛋鬼"的事，"哎哟，你本来就很笨，考成这样就不错了。"听了这话更是火上浇油。刘旭晨愤怒地站起来，朝着他们怒吼："你们这些坏东西！"每当听到这个声音全班更是哄堂大笑。刘旭晨的泪水如同涌泉一般涌出来，"我怎么这么倒霉啊！哇哇哇……"

刘旭晨的头俯到桌子上，但是哭的声音依旧不见小。倘若这时给刘旭晨发一张满分的卷子，脸上的泪水迅速消失，鼻孔也不冒火气了，哭声立马变笑声"哈哈哈……"

当刘旭晨惨遭"欺骗"时，哭得更是惨痛。每当考完试后，刘旭晨在那悠闲地哼着小曲时，那些"捣蛋鬼"总是不想让他好过。

"听说第一题的答案选A，刘旭晨哎，你貌似选错了。"

"怎么可能？你们别想骗我……"辩论中刘旭晨的泪水还是不自觉地从眼眶中跳出来了。

他虽然爱哭，情绪不稳定。但我从他的泪水中看出，他对学习的认真，对现实的永不屈服，对梦想的不懈努力……泪水不仅能够表达一种情感，更能表现一个人的心声。

我们不应该对任何的哭泣进行嘲笑，应该伸出温暖的双手去帮助他们。因为哭泣是为了卸下心中的包袱，抛弃负面情绪，吸收正能量，让梦想飞得更远。

这就是我们班纯真无邪而又执着的"哭宝宝"刘旭晨！

我发现平凡的美

江彩婷

生活中从不缺少美，只是缺少发现美的眼睛，而那株倔强的小草便是我发现的美了。

那株草，倔强地在褐黄色的墙壁上攀爬，它比别的小草高出好几米，在风中摇曳着它那翠绿的叶子，深绿色的叶茎在暗黄色的墙壁里，显得尤为突出，彰显着它生命的活力。我每每路过它时，都忍不住想起它"幼小"时的嫩芽——事实上，我已经关注它很多年了。

我还是很久很久之前发现它的，那时候它非常小巧，若不是我仔细看，根本找不到它。它青葱可爱的模样立刻吸引了我，嫩绿色的叶片散发着一股清新草味，乳白色的根茎，显得玲珑可爱，清新脱俗，叶面上有微微的分叉，呈现出好看的扇形。在发现它之前，我根本没有想过，嫩芽可以这么美，我脑袋里充斥着这株嫩芽的生长，感觉世界上的小草都是这么可爱。

我不知道，这株小草是怎么生长起来的，可能是种子不小心掉到了石头缝里，抑或是有人有意将它种在这里。看到它如今这般郁郁葱葱的样子，我无疑是幸运的，有幸发现这样一个美的生命。的确，它现在的模样，显得很有朝气，不必说它生机勃勃的叶茎，也不说它绿意盎然的叶子，单单是它粗壮的根须，已经很引人注目了。粗壮的根须呈现出健康的淡黄色，从墙缝里爬出来，显得十分有朝气，四面攀爬的胡须虽说不粗壮，自然是没法和大树比，但也不细，和一根树枝比，那绝对是有的，根须的末处，呈乳白色，在阳光下就像透明的一样，闪着光，还有些褐色的充斥着根茎，一股活力从里面溢出来，甚至喷发，我也没想过，这不被看好的草竟然这么有活力。

　　旁边也有几株在石头缝里长出来的草，虽说很强壮，但长得也是微不足道的，它们细小的根须和叶茎就像是被它抢了食物的孩子一般，在那株草的面前就是营养不良的孩子，这株草比它们中的任何一株都有生气，都要活泼，都要美。这大自然馈赠的美丽，我岂敢不发现，这种美丽源于这大地深处的能量，源于这地表之下，来自生命的倔强。

　　倔强的小草，这就是平凡的美，风景不光是那些名垂千古的名胜，更是这生活中最不易发掘的点点滴滴，也许下一个不平凡就在你身边。

屋顶上的那棵树

谢安琪

　　我家对面的楼顶上有一棵树。

　　那棵树简直不能被称作一棵树——它既不高大，也不挺拔，甚至连风吹过的时候，也仅仅是摆一摆叶子，不发出一丝声响。它沉默地伏在屋顶上，根本不能引起人的注意，它伏在那儿似乎很多年了，又似乎没有多长时间。它既不是枫树，也不是香樟，更不是充满诗情的垂柳，它仅仅是一棵不知名的杂树。因此，它也不能让人产生一丝一毫的喜爱之情。但它好像并不因为别人的忽略而枯败，它仍然认真地长着，春天发新芽，秋天落陈叶。

我也只是在窗边写作业时，偶尔抬头，瞥它一眼，又低下头去，直到那一天……

那是一个秋天的午后，天空蓝得耀眼，城市里难得见到如此蓝的天空，像水洗过一样，只在天边，浮着几丝白云。没有丝毫准备，那棵树跃进了我的视野。

它似乎比原来茂盛了很多，但和其他树相比，还是有些疏朗，它脱去原来有些灰白的绿叶，用亮丽的橙黄装扮自己。那真的是一树金黄，不掺任何杂色。它就静静地立在屋顶上，我也静静地立在窗户边。十分钟，也许二十分钟。谁都没有说话，只是对望着。它映衬在蓝悠悠的天空下，阳光下，它似乎更高大了些，更挺拔了些。此刻，它不是枫树不是香樟不是垂柳，正因为它不是那些"美丽"的树，它才有这一树金黄，才与蓝天形成强烈的对比。格外独特，格外引人注目，像一簇小小的火苗，在那儿闪烁。

也许，这棵树在以前的秋天，甚至以前的每个季节都很美，只是我没有发现。现在想来，每一个平凡的、不起眼的事物，都有它独特的闪光点，都有它独一无二的美，而这些独特的美，却都被我辜负。但这棵树，用它的绚丽，在我心中燃起了一簇火苗，让我开始留意生活中小小的美好。

那棵树还是沉默地站在那屋顶上，我仍然只在写作业时，偶尔抬头，又低下头去。我知道，树，一直都在。

错过才懂得珍惜

申 欣

我错过了一次昙花的开放。

那天黄昏，太阳的光染红了天边的云。它就像一位魔术师一样，经过一场令人惊喜的表演后缓缓退出我的视线，没入地平线。我三姨家住在十八楼，从窗边向下望去，各种花洒满大地，太阳的余光为它们镀上一层如梦如幻的金边。

我三姨很喜欢植物，她养过翠竹，还养过牡丹及很多花草，其中最令我好奇的是昙花。我到三姨家待的时间不长，但来的次数很多，从来没见它盛开过。而我三姨说，今晚昙花可能会开。人们常说昙花一现，我很想看看是如何一现的。

夜晚终于到来，我穿着家居服坐在沙发上盯着昙花看。墙上的秒针在一点点地走着，每走一步就发出"嘀嗒嘀嗒"的声音。那声音有规律地响着，如催眠曲一般，使我昏昏欲睡。我把耳机塞进耳朵里，以此来躲避那种奇特的"摇篮曲"。

一阵风吹过，我感觉有点儿冷。我望了望那盆昙花，它目前好像还没有要开的意思。我便轻手轻脚地走到柜子前，拿了一条毛巾被。然后懒洋洋地趴在沙发上盯着昙花看。渐渐地，我有些困了，有一下没一下地打着呵欠，眼前的那一盆昙花好像也出现了重影。我赶忙掀开被子的一角，冷风一下灌进来，我被刺激得打了一个哆嗦，头脑清醒了许多。

我盯着昙花看了半天，它也不开。我回头望了望墙上的钟，离十二点还早着呢。我索性闭目养神，可这眼睛一闭上，睡意就更浓了。我忍不住眯了一会儿，然后就睡着了。这一睡就睡到了天亮，昙花已经开了。

它的每一片花瓣如柳叶一般，薄得像纸，光亮透明。远看就像一块纯洁无瑕的玉石，摸起来又好像一缎丝绸。花腔里似乎弥漫着薄雾，又好像罩着一层轻纱，洁白得一尘不染，如梦如丝，玲珑剔透，好像精心雕刻一样。

我虽然错过了昙花的开放，却没有错过开放的昙花。就像我们错过的机会，错过会使我们更加珍惜现在所拥有的一切。

最平凡处的风景

梁嘉芮

又是一年五一，又到了各个旅游景点前川流不息、络绎不绝的时刻。我们几辆车同行，堵在一处小有名气的景区入口。头伸出窗外向外张望，目光所及之处，也只能隐隐约约看见一块刻了某山名的石头牌匾。

我们被人群裹携着进了景区，蹒跚前行。在足够四五个人并排行走的公路上边走边闹着。

穿过最后一个凉亭准备登山时。惊鸿一瞥——巍峨群山,扑面而来;重峦叠嶂,隐天蔽日;苍松翠柏,掩映其中。

前方不远处的树丛中似乎有一个缺口,掩映在绿树丛中。缺口两边是参差不齐的灌木丛,两边的树枝都折下腰来,覆盖住本就一人宽窄的小路口。这小路似乎有一种魔力,吸引我去进入,去探索。一旁的游客们显然忽略了这条存在着未知风景的路,只顾说笑着随着人流头也不回地前进。

"嘿!"

我冲与我同行的男生们喊了一声:"喏!前方十米处右手边,那个灌木丛缺口?" 我欲言又止,也不顾忌他们的反应,只顾着满心欢喜地带着他们跑过去,指给他们看。我们几个人对视一眼,仿佛都心领神会接下来该干什么。我们冲落在我们身后二十米处的家长们吼了一嗓子,"走这儿啊!"

也不知道是谁起的头,我们一行徒手进入了这条几乎无人踏足的小路。

我们猫着腰,钻进入口。脚下只有一条宽窄仅够一人行走的路,说是路,严格意义上来说也不算,只是有一排被踩下去的野草和或深或浅的脚印。毕竟"路是人走出来的"。四周杂草丛生,无数的荆棘踩在脚下,无数的飞虫盘旋于草丛。我们拨开两边比人还要高的杂草,一步一步地缓慢前行。

但走了没几步,我们便驻了足。脚下是一阶约两百米的坡,眼前是更深的杂草丛与望不到尽头的比之前更陡峭的路。但因为有彼此一路陪伴,我们只是并肩于坡上,相互望了一眼,便像约好了似的,一个深呼吸,彼此搀扶着,小心翼翼地滑下了坡。

但谁都没有想到的是,坡下,复行十米——是一丈悬崖。悬崖边俯视山下,整个景区尽收眼底。我们相视一笑,随之欢呼雀跃起来。

低头看看自己的装束,登山鞋上满是泥垢,裤脚也已被杂草划出痕，脚踝手腕处一道道醒目的血痕，好似在告诉我们完成了一个巨大的使命……

归途中，回味着登山的一幕，霎时悟到——在最平凡的地方，往往别有一番风景。

牛人刘成林

卫彦青

要说我们班的牛人，我一眼就看向了此时正坐在板凳上的刘成林。

在考试过后要收卷时，如果听见"要收卷了！""快点儿交！""不行不行不行，这道题还没有检查。""那也要收了，快给我。""等一会儿，就一会儿。"之类的声音，凭借大家长时间的经验，他那坚持不懈的性格，这人八九不离十就是刘成林了。

此时正值期中考试过后，以放松来提高学习兴趣为名，政治老师让出一节课来给同学上，而这个人选毫无疑问就是现在站在讲台上的刘成林了，他手上书，两眼时不时对书瞄上一眼，而另一只手拿着粉笔，丝毫不受此时正站在讲台下他位子上的政治老师的影响，嘴里念叨着一些优美的词语，手拿的粉笔还在黑板文字上点着，不断来回踱着步子，"郑昊，你来举出生活中一些善待他人的例子，其他同学也别闲着哦，脑子不动会生锈的哦。"话还没落音，就已经忍不住笑了，整张脸还是有点儿别扭，终于通过他揉揉脸暂时缓解了。郑昊此时已站了起来，站直了身子，深吸了一口气，"与人为善是一种积极的心理品质，而宽容也是人与人之间相处不可或缺的重要条件，在别人犯错时，不能以残忍冷酷的方式对待别人，这不仅会对别人产生心灵上的创伤，也会极大影响自己的人际关系，另外……"

"哎哎哎，打住，打住。"

"嗯，怎么了？"

"看看钟，都要下课了。"

"可，可我还没讲——"

"知道你会，可要给班里其他同学一点儿机会呀，对不对？"

郑昊略微侧转身子，几十双眼睛正盯着他。

"那好吧。"

课堂气氛又活跃了起来，"帮助同学，理解父母，尽量帮助社会上的弱势群体……"一节课就这么快的过去了，没人觉得有什么不妥之处，只是有些新奇，但直到现在，每当政治老师的讲课声让我昏昏欲睡时，他那在讲台上来回"滚动"的身影就会出现在我的面前。

他不光在当小老师时，有着让人记忆犹新的表现，在课堂上，他也是一位积极分子。

有一次上英语课，老师为了让大家都参与到课堂的互动中来，回答问题时专门挑平时不喜举手发言的同学，而对此最受不了的就是刘成林了。"请问warn这个单词有什么用法，谁能给我们讲一下？"英语老师微笑着问，眼睛在教室中扫视，"好，就你来回答。"老师指向了杨安娜。"吱！"椅子与地发出了声响，"可以有warn sb to do, sth.还有warn——"等一下，等一下，刘成林，我是请杨安娜回答的。英语老师连忙出声打断，刘成林顿了一下，回过头，就见杨安娜撇着嘴角，一脸尴尬地笑着。"噢，对不起，对不起。"刘成林赶忙坐回了板凳上，但这节课的后部分，那只右臂也一直不甘示弱地举着。

虽说刘成林在学习上有着过人的积极性，但由于他自身的原因，体育却一直是他的一个弱项。上体育课，由于大家身体素质差距较大，所以经常会出现这样的情景：几个身体素质好的跑在前面，不管不顾，后面拖着一条长龙，两圈下来就首尾相连了。而在这个"人肉圈"中，就有这样一个特例，圆滚滚的身体让他无法快速移动，而这个身体的拥有者似乎还不甘愿被队伍"丢弃"，两只手臂有规律地摆动着，幅度大得夸张，每一个摆动都伴随着手向上的动作，让旁观者不禁担心他会不会一不小心没控制好，让自己的拳头和脸来个"亲密接触"，不过他本人却毫无所觉，照样一蹦一跳地前进着，不过有时被队伍甩得太远了，他就会突然一仰头，甩着手向前冲，有时从后面超过他的同学还拍一下他的背，也不急着离开，见他反应过来追时，那人一下窜出老远，他见追不上，也不生气，继续乐呵呵地蹦跳着，嘴里时不时还冒出几句经典老歌。

在生活中，每个人都有优点，但缺点的存在也是毫无疑问的，一个人成功与否，不光要看他的优点和缺点有多大，更要看他对待缺点的态度。

刘成林，有着良好的组织能力和积极进取的学习态度，而且他能乐观地面对自己不足的态度，是很多人缺少的，也是我们应该学习的。

在我的心目中，我们班的"牛人"他当之无愧。

数学"大牛"李黑

杨思瑞

"李黑,这道题你做出来了吗?"

"李黑,这道题我不会,借我看看。"

"李黑……"

李黑,学霸一枚。至于"李黑"这个绰号,据说是哪次考试,他写名字的时候神游了一下,就写成了"李黑"。正好符合他人高马大、皮肤黑的特点,从此李黑便成了他的专属头衔。

放学铃打响后,安静了一天的教室像只积满了能量的怪兽,瞬间爆发。白炽灯光伴随着吵闹声充斥着整个教室。一支笔,一张试卷,"唰"一下甩在他面前,我抽出凳子移到他旁边,托着腮,看着他一脸迷茫地抬起头看着我,又扫了一眼试卷,一脸无奈地拿起笔,拔开笔盖问:"哪题?"

我轻轻指指试卷,他埋下头用笔尖指着题目,嘴里念叨着,眼神随着笔尖的移动,似在扫描。然后抬起头,望向远方。盯着某一处似中了魔咒,有时,低头在图上勾勾画画,又猛然抬头,像见了一个久未谋面的老友,露出自豪的笑容,胸有成竹地拍拍我:"你看,题目不是说了吗,这条边和这条边……"

"哪条边?"

"AB边和AC边啊，"他指了指试卷，"懂？"

我点点头。

一个个晦涩难懂的数学符号，一条条笔直僵硬的几何线条，似一个个精灵，在他的指挥下，跳起了华尔兹，乖乖地排好队，一个接一个地飞入我的脑海中，跳上试卷，听话地躺在试卷的空白处，组成一个完整明了的答案。

不得不承认，讲题时的他是个认真负责的牛人。

一天，天空挂上了黑色的帷幕，寒风刺骨，望着课代表抽走那张空空如也的数学试卷，耳边充斥着同学们的抱怨声：

"这题怎么这么难啊！"

"这题是人做的吗？"

"我反面几乎都没做出来！"

转身，瞥见他那张密密麻麻的试卷。见他扔下笔，伸了个懒腰，吼道："写完了！"

"哎，怎么上帝赐给你一个'学霸之魂'却不能给我一个呢？"

"学霸之魂是练出来的好不好？"

"算了，我放弃。"

这略带玩笑的对话不经意传入我耳中。是啊，是一张张试卷练就了他的"学霸之魂"，是一道道数学题谱写他的"牛人"之名。

"李黑……"又是熟悉的声音，又是那个熟悉的身影——我们班的"数学大牛"，李黑。

牛人杨宇晨

许志远

"大家安静,不要讲话了,已经上课了!"如雷鸣一般的声音从讲台上传来。

他是谁呢?杨——宇——晨。

杨宇晨是一个平头、大眼睛、圆脸蛋的胖子,脸上留下了青春的痕迹。他跑起步来浑身上下没有一块肉不在抖动,长得十分富态,可就是他,当选我们班最正直、最公平的人那可是当之无愧的。

如果你不服,请听我慢慢道来。

去年夏天,放学后我和杨宇晨正准备出校门,前面一群外班的学生一边打闹着一边聊着天。不知怎么回事,一个黑色钱包在混乱之中掉在了地上,我还没有反应过来,杨宇晨已经跑过去捡起了钱包,向前面的人追去,还给了那个学生以后,又跑了回来,好像什么事都没发生一样。

杨宇晨不起贪念,理智地把钱包还给失主。你说他正直不正直?

还有呢,去年冬天,杨宇晨的好朋友赵子荣经常上课讲话,扰乱课堂纪律,杨宇晨一下课就往老师办公室去告赵子荣的状,赵子荣不知从哪儿收到消息,急忙往外跑,在半路截住了杨宇晨,说道:"我错了,再给我一次机会吧!"杨宇晨扭了扭头,用手扯下赵子荣拽着

他衣服的手，甩开了赵子荣进了老师办公室，向老师汇报了赵子荣的情况。

杨宇晨为了公平居然伤害了自己最好的朋友。你说他公平不公平？

真正让我认定他公正的是这样一件事。

"杨宇晨，郑昊的心眼儿太坏了，天天告我状。"

"不能怪他，只能怪你自己，你表现好一些不就行了。"

"这样你帮我去告他，我会给你报酬的。"

"不行，你还想收买我，这件事我帮不了你。"

"求求你了。"

"你就死了这条心吧，我可不买你的账，小心我告你状！"

"可……可是……"

"没什么可是的了！快走吧！"

那人只好灰溜溜地走了。

杨宇晨不被别人的金钱收买。你说他公正不公正？

坐在座位上，看着他那被阳光投下的身影，对他的佩服之情，油然而生。

他捡起钱包，还给失主。

他抛弃友谊，维护纪律。

他不被收买，严词拒绝。

杨宇晨作为我们班最正直、最公平的人，那可是当之无愧。

晒晒我们班的牛人

秦梦涵

"作为学生，要一、身、正、气！"这洪亮的声音又在教室里响起——杨宇晨又在模仿老师了。

只见他挺着胸脯，胖胖的肚子使劲儿向前凸起，高抬着下巴，一手微微抬起，脸红扑扑的，板着面孔，眼底却是满溢出来的笑意——活脱脱一个捣蛋鬼。

别看他如此调皮，课上，他却是很认真的。

伴随着上课铃声，老师走进教室，杨宇晨刚刚还咧着的嘴立刻收拢，迅速投入课堂。他的思维总是紧跟着老师，无论是什么课。

一堂音乐课，几乎所有同学都在做自己的事：有的奋笔疾书，有的交头接耳，更有甚者，还掏出了一袋饼干"嘎嘣嘎嘣"地吃着。杨宇晨却在这茫茫声浪中认真地听着老师的讲课声。

突然，一阵欢快的旋律响起，大家都静了下来，老师似乎很满意，让我们猜这是什么曲子。在大家都一脸茫然时，杨宇晨先是侧耳听了一会儿，眉头紧锁，又跟着音乐轻声哼了两句，紧接着一拍桌子："哦！我知道了！是《嘎达梅林》！"老师微笑着点了点头，果然是这首曲子。

有一个课间，我无意中走过他的桌旁，看见桌上摆着几张草稿纸，他的笔不住地动着，笔下是几块很不规则的图形，有些像地图。

"这是什么？"我问道。

"地图啊，"他抬头看了我一眼，"这是美洲的地图，喏，这是南美，这是北美。"

我顺着他的手看去，还真是。"你画得好像。"

"那是，我多聪明！"他很得意地笑着。

"那你为什么偏偏画地图呢？"

"我喜欢啊。"

我不觉怔住。

杨宇晨在我们班，是一个不折不扣的"牛人"。有了他，教室里就有了快乐；有了他，班级里就有了活力。

杨宇晨，咱们班的"牛人"！

桌上的莲蓬

陈宜乔

看着那一只只莲蓬整齐地躺在桌子上，它们散发的清香，将我拽回了儿时遥远的回忆。

还记得五六岁时，我常常拉着你的衣角，嘟着嘴，说着含糊不清的话。你也学着我嘟着嘴，脸上的皱纹像说好似的，一排排地并在一块，嘴角微微上扬，一把把我拉到你的怀中。我搂着你的脖颈，下巴趴在你的肩上，你满脸的胡子蹭得我生疼，小小的手一根一根地拉着你的胡子。明显看到你的脸不自如地颤了颤，然后捏着你的鼻子，大有一副唯恐天下不乱的样子。

看着你牵着一头小牛过来，我连忙跑过去抱着你的腿，抬头望着你，两只手使劲儿拽着你的衣角，嘴里直说"要骑牛，要骑牛"。你牵着老牛，我骑着小牛，你穿着一件白大褂，敞着怀，路两边栽满了大树，为我们遮挡着阳光。一阵阵风吹过，树与叶的摩擦奏出绿色交响曲。我趴在小牛的背上，并不感觉颠簸，一阵阵"沙沙"声将我惊醒。

"醒啦，马上就到了，等会儿。"只看爷爷转过头，笑着说。

我们来到湖边，正是夏季，河里有一朵朵鲜艳的荷花，我点点那个摸摸这个。"等会儿，都给你摘上来，还有好吃的莲蓬。"

爷爷脱下外衣，纵身跃进湖里，溅起一波水浪，然后又猛地扎进湖里，消失不见。

过了一会儿，爷爷还没有从水里冒出来，我慌了，在湖边大喊大叫。"别哭了，别哭了，爷爷在，过来，过来。"

看见满脸张皇失措的你，我连滚带爬地来到你身边。你拿着一捧莲蓬，剥开了莲蓬皮，娴熟地拿出莲蓬子，我张着嘴啊啊要吃，你慢慢地把手伸到我嘴边，就在莲蓬子快要落下来时，一把抓了回去，我恨恨地抓着你的手往嘴里塞，莲蓬子的清香瞬间溢满了我的嘴巴。

"好吃吗？再来一颗。"我满意地点点头，张着嘴巴，一颗颗莲蓬子进入了我的嘴中，那清香的味道更是包裹了那儿时的回忆。

我早已离开了生我养我的乡村，已见不到那饱满的莲蓬，见不到路边那一棵棵绿色的大树，只有那越来越浓的清香，存留着我美好的回忆。

看着那静静躺在桌上的莲蓬，谢谢你，爷爷。

认识你真好

鲁斯佳

认识你大概是在两年前。

那天晴空万里，湛蓝的天空时不时有鸟飞过。一个胖嘟嘟的身影出现在我的视野中。

"请问，吴队在哪里？"

我迟疑了一下，"这就是吴队啊！"

"喔，谢谢哦！"

"没事。"

只是一个询问便让你进入了我以后的生活。原来你是新来的队员，这是我后来才知道的！入队后的你跟我的关系越来越好。我们每天一起玩，一起训练，一起打闹。

一天中午，我吃完饭后突然感到腹中一阵疼痛，我捂着肚子回到房间，你看到我这副模样不明所以，此时的我已经疼得说不出话。你像突然想起什么似的，说了一句："是胃疼？"还没等我开口询问你是怎么知道时，你已经跑了出去。不一会儿，你拿来了一个热水袋放在我的肚子上，"你……你怎么知道我是胃疼？""那天无意间听见你妈妈说的，今天看见你捂着肚子时想起来的，你好点儿没？"你一脸严肃。

那天下午，我们一如既往地训练，但我却在跑台阶时一个不留神膝盖磕在了台阶上，我"嘶"了一声，没想到离我挺远的你居然听见了。我刚坐下来你就走了过来。看到我狼狈的模样，你原本舒展的眉头皱了起来拧在了一起。我慢慢地将裤腿卷起，一个触目惊心的伤痕出现在我的眼前。第一次，你没有立刻问我怎么了，而是转身离去。我的心情顿时坠入低谷。半响，你回来了。原本空空如也的双手又多了一瓶水和一包纸巾，开始帮我冲洗伤口。本身就裂开的伤口再冲上凉水犹如在火辣辣的伤口上撒了一些盐。你又将纸巾放在我的伤口处。叮嘱我这，叮嘱我那。

　　看着你认真的神情，我的眼眶中像有一层浓雾散开似的，一片朦胧。从小到大，除了父母还没有人像你一样如此细致地照顾我抑或是关心我。

　　我难过时有你在身边陪伴；有不会的题时我去问你，你耐心替我解答；训练受伤时，你告诉我自我按摩的方法。有时候，我一点儿也不觉得你比我小几个月，因为你更成熟，稳重，做事情有条理，好像你比我大两三岁吧！我们俩认识快三年了，这期间你给予我的关心和体贴不计其数。

　　谢谢你在我最美的年华里出现，带给我温暖，成为我的闺密，我的知己。

　　认识你，真好。

陪我走过童年时光的人

朱雅雯

阳光暖洋洋地从树叶缝中泻下来,像一个亲亲的吻,暖暖地落在脸上。

操场上,一群活力满满的同学在篮球架下你争我抢,一个小小的篮球在空中划出一道弧线,在篮球架边弹了一下,仿佛在和球架下的同学开玩笑似的,又不负众望地跳进篮筐。那篮球架似一个屹立着的巨人,静静地守护着每一个人的篮球梦。盯着那篮球架竟出了神,眼前是一个高高瘦瘦、挂着笑容的男孩儿,是一个陪我疯疯傻傻、打打闹闹一起长大的朋友。

五年级的运动会,你擅作主张帮我报了女子八百米跑项目。之后也不顾我的反对,每天拉着我去体育场。

比赛那天,赛道旁,你站在我身边,喋喋不休地唠叨着:"跑步的时候要认真点儿,一开始的时候跟上大部队就行了,最后要记得冲刺。我跟你讲啊,跑步的时候最重要的……"我将脱下的外套甩到你面前,你抱住衣服看着我毫不犹豫走上赛道的背影,愣了一下,然后朝着我大喊道:"加油啊!我在终点等你哈!"我的嘴角不禁上扬,心想:"我跑步你怎么比我还重视呢!"我举起手比了个OK的姿势,站上赛道。

赛道上，看着周围一个个跃跃欲试的同学，心中不免有些紧张。蓦然回头，看见那个阳光下，抱着衣服，伸长脖子，踮着脚，东张西望的你，像一缕暖阳驱散了心中的紧张。随着裁判的一声枪响，每一个运动员都像离了弦的箭，飞了出去。我紧紧跟着，看着赛道边围着的同学，每个人脸上都挂着兴奋的笑容，似乎本班已经拿了第一似的。看到自己班的运动员叫着、跳着，跟在后面追着，大喊着加油。一声声加油随着风在我耳边拂过，不知不觉，一圈已经跑完。

渐渐地，渐渐地，步子不由自主地慢了下来。风像个赖皮的小孩儿，紧紧地拖着我前进的步伐。你出现在转角处，并没有大声激动地为我加油和鼓励我，只是淡淡地说了句："坚持住，马上就到了！"然后不言不语地跟上我缓慢的脚步，陪我跑过最后的冲刺阶段。是啊，你可能有魔法吧！最后的一百米就像是飞到了终点，低头看着我们一样的步伐，耳边是你的喘气声，多想时光可以静止，我们永远是现在的模样。不经意间，就这样，和你一起冲过了终点。

老师同学围过来，嘘寒问暖地关心着，你却默默地走开了，只留下一个大大的笑容。感谢有你陪我跑完了这次运动会，感谢有你牵着我的手陪我熬过了期末考试。

上周，QQ上突然传来你发的消息："在你眼中我们是什么关系啊？"隔着屏幕，我似乎能看见你那双不大的眼睛，充满着期待，盯着我的模样。"我们……"唔，我们之间不是亲人却胜似亲人，我们之间是朋友却超过朋友，似乎没有一个词能准确地形容出我们的关系。

你就是那个陪我度过童年时光的人；你就是那个吵不散、骂不走的人；你就是那个死皮赖脸赖在我生命中的人。因为你会倾听我所有的不愉快，你会分享我所有的骄傲，你会承担我所有的伤心，你会包容我所有的任性，你会珍惜这不完美的我。

谢谢你，陪我一起走过童年的美好时光！

爷 爷

刘婉如

在我们的生命中,我们遇到了许多人。有些人常在身边,却是不交心的陌生人;有些人从我们身边悄悄地走过,却留下无法磨灭的回忆和长长久久的眷恋。

我六岁时,爷爷就离开了我。记得那个北风凛冽的冬天,爷爷从外地看病回来,病得很严重。一楼的窗前支了一张床,边上放着氧气瓶。爷爷去世的前几天,他虚弱得没有说过一句话,总是笑着看着我。最后一天,家人把我送去了姥姥那里。当我回到家时,爷爷已经离开了。

虽然爷爷已经离开了许久,可和爷爷一起生活的时光,我清晰地记得。

爷爷从小就很疼我,他对我永远是笑的,给我买好吃的好玩的。在我小的时候,爸爸常年在外在工作,总是爷爷陪着我。爷爷总是给我各种各样的我喜欢的东西。每天接我上学,送我上学,永远不迟到一分钟。而且每一次我放学时总是可以从他的口袋里掏出一些好吃的、好玩的:五颜六色的糖果、小小的蛋糕、一些可爱的小玩具……因此,我总是期盼着每一天放学后从他那里得到我喜欢的东西。

可自从我五岁的时候,一切都改变了。爷爷查出了癌症。从那时起，奶奶便和爷爷一起到上海、北京看病，一去便是半年。我见到他们的次数也越来越少。

第一次看病回来，爷爷看上去比以前虚弱了，脸色也苍白了许多，整个人显得更加憔悴了。但是他们还是给我带了各种各样的吃的、玩的。我很高兴，以为他们不会再走了，不会再去看病了。每当我抬着头问："爷爷，你怎么了？"的时候，他总是笑着对我说："爷爷没事。"

但他们还是去了，去了好几个月。我一个人待在家里，妈妈去上班，爸爸每个月只能回家一两次，几乎总是我一个人待在家里，不过这一次他们没有回家，而是去了爸爸工作的城市。我去看他们，他们带给我一个粉红色的小杯子，是在看病的路上买的，直到现在，我依旧留着那个早已破旧的杯子。

我的童年有快乐，也有忧伤。这个童年，因爸爸、妈妈的忙碌，而变得黯淡，因爷爷的陪伴，而重新焕发色彩。

爷爷，我知道您生命的最后时刻，心中依然挂念着我，最放心不下的也是我。我会好好的，您放心。我相信，您在天堂一定很开心！

简单的帮助

　　过了些天，我又碰到了那人，他仍是不能言语。他先是一惊，之后便又向我微笑。我也是一惊，便与他又上了同一路车。
　　那次的帮助，使我的内心感到无比快乐。政治课上也说过："帮助他人，就是在自己的心中播下快乐的种子，给予他人以内心的温暖。"

简单的帮助

黄旭昕

又是个放学坐公交车回家的中午。

寒冷的天气不禁使人不断地往手上送着暖气。车站里你不言我不语，都焦急地等待着自己需要乘的那班车。来来回回的公车不断停靠，人群在其间不断流动，车站上的人越来越少，但我的那班车还是没有到来。

车站仿佛没了生命活力，身边的少数人因等不到车而爆起了粗口。本来今天的数学考试就没考好，再带上这个，真算得上是"雪上加霜"。

此时，一位穿着整齐干净衣服的中年男子走进了车站，两手插着口袋，看样子也是等车的。

时间一分一秒地过去了，那公车还是没有到来，真不知该说些什么好。忽然，那位中年男子拍了拍我的肩膀，之后又指了指他的手腕。我象征性地看了看手腕，笑了笑："没戴手表。"我踏了踏步，长时间的站立使我脚底冰凉。那男子又揪了揪我的衣服，竖起了大拇指。我一阵莫名其妙：先是问了我时间，又如此不礼貌，真没见过这样的人。我暗自苦笑：也许他是个哑巴，要么就是不在四院住院跑出来的病人。真不知他是怎么想的。于是，因为这个，我与他疏远了些

距离。

　　一辆飞驰而来的公车让我印证了这一想法。那人想招手即停，但很显然，一般人都知道，不是本站的公车是不会停的。显然，那辆车的数字与本站停靠车的数字根本对不上号。该不会真是精神病吧。我琢磨着。之后，那辆车没停，那人纳了闷，嘴里不知泛起了什么嘀咕，眉头紧皱。周围的人都望了望他，显得十分奇怪与不解。

　　他不时地往手里吹着热气、搓着手，但并不能解寒。我看了看他，因为我自己在有阳光的地方，我思考着能不能给他一点儿温暖呢？答案是能。我轻轻拍了拍他的肩膀，叫他到阳光下来站着。当时的午风似乎令人温暖，好吧，他与我站在了一起。他双手合并点了点头，但依然不出声地看着我。也许，他把我当成了这人世间最体贴他的人。我无话可说，回报他以微笑。

　　过了几分钟，终于，车来了。我与他竟上了同一班车，站在了一起。当我下车时，他向我招了招手，仍不说话，示意再见。我远远地望着这远去的公车，可那人仍在回头望着我。我不知道该说什么，他对一个陌生人给予他的那么微不足道的帮助如此在意。

　　过了些天，我又碰到了那人，他仍是不能言语。他先是一惊，之后便又向我微笑。我也是一惊，便与他又上了同一路车。

　　那次的帮助，使我的内心感到无比快乐。政治课上也说过："帮助他人，就是在自己的心中播下快乐的种子，给予他人以内心的温暖。"

我的"对手"

王思远

竞争是压力，也是我们前进的动力。因此，我在此向你献上我最真诚的感谢。

刚上小学时，上了一个名气不是太大的小学，因为父母要求比较高，所以我的成绩在班上很好，老师也比较重视我，但总是这样，我也没有学习的压力，而你的出现，恰好打破了这种状况。

三年级时，讲台上一脸骄傲的你在同学们的掌声中到来，老师把你安排在我旁边的座位上，我的心中有了一丝警觉，也有种无形的压力，也确实在后来的一次考试中应验了。看着她试卷上的红色100分，我看着自己卷子上的那个97分，心里的危机感快表现在脸上了。

后来的三年里，只是靠认真听老师讲课，我似乎不再占有优势了，在班里我和她的成绩不相上下，平时老师发试卷报分数时，我听了自己的，更会注意去听她的，她也经常会比我多出个两三分，慢慢我就会注意她平时是怎么学习的。有一次体育课下雨了，大家回到教室，老师说在班里自由娱乐吧，我看她在全神贯注地看书，书的名字是《钢铁是怎样炼成的》，她好像听不到任何嘈杂声，我想想自己平时看的书，漫画啦，公主小说啦，对学习没有帮助。后来我在心里暗暗想学习一定要超过她，她看过的书，我都会微笑着说："能给我看

看吗？"她也会同意的，还愉快地讲述书中的精彩内容。

快到小升初的关键时期了，我们也意识到重要性了，下课打闹的声音被笔头与纸面摩擦的沙沙声取代了，我拿着试卷，对着一道不会的题苦思冥想，手下的草稿纸写满了数字和公式，我相信这道题光凭自己的力量是做不出来了，我终于发出了有些沙哑的声音，这道题你会吗，希望你能跟我讲解一下，她不厌其烦地为我的讲解，我终于明白了。

自此，我们之间的交流越来越多，对我的学习也起到很大的帮助，我们既是对手，也是朋友，相互学习，在竞争中共同提高，感谢有你。

你改变了我

罗伊凡

小学的我整天就知道玩，成绩从全班前十名直线下降，是你改变了我。

你姓徐，你在这个学校教书已经十几年了，个子高高的，身子瘦瘦的，两条腿很修长，长着一双明亮的大眼睛，炯炯有神，一头乌黑发亮的长发，梳着一个长长的小辫子。

记得在三年级下学期的时候，一天放学，我拉着好朋友的手一起去操场拍卡片。时间一分一秒地过去，我身旁的卡片越来越厚，周围的朋友越来越少，我玩得正带劲，这时你从办公室出来缓缓地向我们走来，我的同学看到你一溜烟就走了，只留下了茫然的我，你喊住了我的名字："罗伊凡，这么晚了还不回家，却和朋友们玩游戏，你的家人一定会很着急的！"我不情愿地拎起书包，拍了拍书包上的尘土，向校门口走去。突然你叫住了我，"罗伊凡，你一定还饿着吧，来，我这里还有一些小零食，你先拿去垫垫肚子，过马路时小心车，路上小心。"我不好意思地接受了你给我的零食。

飞奔出校园，我踏上了回家的路，路旁万家灯火通明，月亮不知何时登上了天空这个舞台，那绚丽的太阳不知何时已从舞台上退场。离小区的大门越来越近，只见两个人影在小区门口徘徊，一辆车驶进小区，将车灯直直地照射在两个人影身上。哦，原来是爸妈。我不禁加快了步伐向父母奔去，投入父母的怀抱，然后三个人手拉手走回了家。在这里我要感谢你，是你在我不体谅父母的心情时，以一个间接的方式告诉了我。

天灰蒙蒙的，十分的冷，小草低下了头，树枝弯弯曲曲，我抬起头，发现乌云密布，没想到雨竟已静悄悄地下了起来。风划过，树叶飘旋着坠落，孤独地回归大地的怀抱。

我孤独地在走廊上走着，冷风不断地钻进衣服里，使得我不由得打了个寒噤。忽然，不知从哪儿飞出了个石子，砸到了一扇窗户，那扇窗户在一瞬间就碎了，玻璃碴洒落了一地。这时对面的办公室正好有一位老师朝我走来，先看看我，又看了看我身旁的玻璃碴，认定我是打破玻璃的人，把我拉入了校长室。我极力地向校长解释，听完我讲的经过后校长仍然是一副不相信我的样子，然后又把我批评了一顿，最后把你也喊来了。你来到校长室的时候，没有像其他老师那样，不分青红皂白就批评我，你先是问了我事情的经过，然后有条有理地向校长解释。我在门外只听到：

"他只不过是在打碎玻璃的旁边，并不一定是他打碎的。而且小张也只是看见他在打碎玻璃的旁边，并没有看见他正在打碎玻璃。"

"那你说是谁呢？打碎了玻璃总不能不赔吧。"

"可以调一下监控，看看谁打碎了玻璃！"

"一定要将打碎玻璃的人抓住，严厉批评！"

突然门开了，你拍拍我的肩膀对我说没事了，回去上课吧，真相马上就水落石出了。

第二天，在你的不懈努力之下终于确定了那个打碎玻璃的人。原来他是用弹弓装石子打墙，不小心打偏了。

在这儿我要感谢你，是你在我被冤枉时冷静地分析，并不像其他人不经过大脑就批评我。

是你，在我迷茫时，给我指引了方向。

是你，在我处于困难时，伸出了援助之手。

是你，把我从黑暗中，拉入了光明。

是你，改变了我，我的徐老师，我在这里深深的感谢您。

哥　哥

葛志鹏

成长的日子里，感谢有你。

哥哥的个子不高，总是挺着腰，笔直的后背给人一种安全感。

那时，我还小，贪玩，喜欢"骑大马"，而他就是马。他的后背很平坦，像是有马鞍一样。我骑在他背上的时候，总是禁不住要喊几声："驾！驾！驾！"他从不说什么，只是看看背上的我，舒一口气,嘴角微微扬起。

　　我在我们家里排老小,家里人自然宠着我,哥哥也不例外。平日里,他总是叫我"弟弟",可我却从来不喊他"哥哥"。

　　暑假的夜晚,父母外出,家里只有哥哥和我两个人,哥哥在隔壁房间备考,我在这边的房间看书。窗外传来一阵蛙声,我凑到窗边,小池塘旁蹲着两只青蛙,鼓着肚皮"呱呱"地叫着,看着它们一前一后地跳入水中。我扔下了手中的书,向哥哥的房间奔去。

　　我用力地敲了两下门。

　　"是我,快开门。"

　　"弟弟吗,什么事?"

　　"找你玩。"

　　我趴在门上,听见了哥哥的脚步声越来越近,我暗自窃喜,作好一副生气的样子,站在门口"恭迎"。门开了,我像一只饿昏了的野狼,冲了进去,纵身一跃,落在了哥哥的床上。哥哥手里捧着课本,站在一旁看着我乐。我拍了拍床单,示意让他过来陪我一起玩,他摇了摇头,坐回了写字桌前。

　　我也挪了挪身子,坐到了他的旁边,拿起他手中的课本,想读给他听,可扫了一眼,发现好多不认识的字,就丢回去了。看到我这个小淘气包也有束手无策的一天,一旁的哥哥没忍住,笑出声来。

　　在我刚懂事的时候,我可真是无法无天,站在爸爸的腿上,骑在哥哥的背上。那天我在客厅一个人顺着墙玩,摸着摸着就摸到了洗手间,看见哥哥的时候他做了个鬼脸,这下可把年幼的我给吓得不轻,慌忙中用手将滚烫的开水瓶推向哥哥,开水瓶裂了,滚烫的开水涌出来了,幸好没有伤到哥哥。可真是哭笑不得,从此我就被冠以"小淘气包"的名号了。

　　哥哥捡回了被我嫌弃的书,让我左手拿着一半,他右手拿着一半,在台灯下,一手指着书上的小字念道:"山重水复疑无路,柳暗花明又一村。"我虽然听不懂什么意思，但觉得很好听，就跟着后面念了。哥哥指一句念一句，我跟着哥哥后面看一句跟一句，朗朗的读书声很快飘遍了四周，池塘边放声歌唱的青蛙也自觉羞愧，躲到池塘里去了。

盛放的花朵感谢阳光的温暖，蔚蓝的天空感谢云朵的陪衬，畅游的鱼感谢大海的广阔。而我要感谢你，我的哥哥，是你在我孤独寂寞时给予我温暖、快乐。

又是一年夏夜，趴在窗外，已看不到那片池塘，我们的"老朋友"也不见了踪影，不知道跑到哪儿去唱歌了。蝉鸣不断，我的读书声并没有因此而停止，我相信，无论我们相隔多远，只要心中想着对方，就一定能告别孤独。

回想过去的日子，哥哥，感谢有你的陪伴与呵护。

一路有你

侯乐妍

是你，陪我走过了一个又一个长假。

小时候的我总是在奶奶家度过那漫长的寒暑假。寒假里，早上跟着奶奶去晨练；暑假里，奶奶带着我去吃早饭。你在前面走得很慢很慢，像是在等我，生怕我跟不上了，走丢了。可我也似乎从未停止过对这一切的好奇，对这一切的探索。所以那一路上，我总是磨磨蹭蹭的，而你，总是耐着性子，在不远处的小路口边站着，等我。

不知过了多久，也不知从什么时候开始的，在我记忆中总是走在前面的那个你不见了。你走到我的身后了。

我也记不清有多久了，没和奶奶一起出去了。但在不久之前的小长假里，我们又一起出门了。那几天，爸爸妈妈要加班，我便在奶奶家住了三两天。

一大早，我们仍像几年前的那样，一起去吃早饭。路上，我也仍像小时候那样，东张西望着，像是随处都有着能吸引我的地方。奶奶笑着看着我，一切都不曾改变。但转眼间，走在前面的竟是我了，我竟比奶奶高了不知多少。我的鼻腔有些发酸，不知是风吹的，还是有些想哭。回过头，向奶奶走去，挽起奶奶的手，她的手有些粗糙干燥，又有着许多错杂的皱纹。

奶奶一脸惊奇，像是拉着她手是什么不得了的事一样。

终于，走到了那吃早饭的地方，是我小时候最爱吃的小店。它什么也没有变，店主仍那么和善。店主笑眯眯地对奶奶说："奶奶，带着孙女来吃早饭呀！"奶奶也回应了一句："嗯！"脸上带着笑。

小店里的盘碟碰撞声，客人的嚷嚷声，店主的应答声，还有我耳边奶奶的说话声，奶奶像是在自言自语，又像是在和我说着什么，我也时不时地跟上几句，也挺开心。

记忆中那个可以从东门坐车到南门，送我去幼儿园的身体结实的奶奶不见了，那个早上可以远远地在路口边等我的奶奶也不见了。似乎在一转眼之间，我们都变了。你的身体越来越差。当你想尽快赶上我时，你的腰又开始疼，你的膝盖又开始肿。你站在那里，弯下身子。一手扶着腰，一手揉着膝盖。我们真的变了，我比你走得快了，我走在你的前面了，时不时地放下步子等你或是跑过去扶你。

不知从何时起，你的身体开始变得不好。常常走一段路就要歇一会儿的人，从我换成了你。

您用温情温暖了我

金笠山

轻叩那扇斑驳古老的木门，心潮涌动。

"哎！来啦！"一张满含笑意的脸映入我的眼帘，熟悉的笑容仍然是那样的温柔，只是那岁月，吹白了她的鬓，让痕迹留在了她的脸庞。

"乖孙子，来啦！奶奶给你做你最喜欢吃的桂花糕哟！"她激动地边说边从墙角搬来一把小木椅，准备为我摘桂花。

正值农历八月，桂花飘香，让人不禁想起那孩童时奶奶做的桂花糕，那糕甜在心坎里。只见奶奶手里捧着木碗，费劲地踮起脚尖去摘桂花。密密的汗珠布满她的额头。我的心一酸："奶奶，您还是让我来吧。"我仔细地摘选着饱满的桂花，一簇簇地放在木碗里，学着记忆中奶奶的样子，把变色和干瘪的花瓣扔掉。奶奶总是说："这样的桂花，做出的桂花糕才香呢。"

将一碗清香四溢的桂花糕端到炉上，放入蜜糖和佐料，倒进锅里，开始搅拌，我手持着一根木棍，累得大汗淋漓。奶奶身体纤弱，小时候，哪里来的力气做这活呢？"傻瓜，你吃的开心，奶奶就开心。"她凝望着我，眼里充满笑意！"现在孙子长大咯，奶奶可以享福喽。"

最后，我终于将桂花糕放上蒸笼，只待控制火候了。我拾了些木柴，扔进土灶里，没想到一会儿工夫我就被熏得够呛，只得不断地用铁钳撩起木柴。奶奶笑我的窘样，却一个劲儿地说："乖孙子，长大咯。"

那一次做的桂花糕并不好吃，稠而无味，奶奶却一个劲儿地往自己碗里夹，嘴里还不断念叨："长大咯，手艺比奶奶还好哟！"她一笑，嘴角的皱纹如涟漪般荡漾开来。那笑容印在了我的心底，要是我早些长大该多好啊！

月为温柔的夜空披上了浅浅的薄纱。

我轻轻地为奶奶盖上了被子，慢慢拿走她手中的蒲扇！哼起熟悉的童谣，看着她入睡，如往昔她看我入睡一般！

夜，那么静，那么美！

我最感激的人

彭子涵

生活中有许多人在学习、家务等方面帮助过我，但，唯有她，是在我成长的过程中最为尽心尽力帮助我的人，这个人就是我的外婆。

听外婆说，我两岁左右就被送到了幼儿园，第一天到那里，对那儿很陌生，还有一丝的恐惧，以为家人把我丢在那儿不要我了，我就放出我的招数——哭！我哭喊着要回家，后来，渐渐地熟悉了幼儿园的环境，但在上幼儿园的第一年，几乎每天都是上午在那儿上课，下午赖在家里不肯去，外婆无奈之下也就只好不让我去，在家里教我唱歌、画画，就这样一年过去了，她也并没有厌烦这种日子。

我依稀记得，上学前班时，我得了麻疹，浑身特别痒，我就忍不住去抓，结果就更严重了，晚上躺在床上真想用手铐把双手铐住。因为家里没有手铐，所以外婆就用手将我的手攥住，让我不要动，以免抓到变得更严重。晚上我们两个人都睡不了觉，就这样熬了几个夜晚，终于能好好睡一觉了，虽然她也很累，但她依旧想着要我先去睡，她一个人去干家务。

后来，家里人为了让我受到好的教育，把我送到合肥来上学，但我心里还是不想去的，不想离开家人、最好的朋友、老师还有我生活了十多年的故乡。尽管如此，我还是被送到合肥上学，外婆也就随着我到了合肥陪我上学，城里的学校学习任务重，每天晚上十一点左右才可以睡觉，外婆也就陪我到十一点才睡。

有时她会问我："要不要喝点儿水？"如果是在我正想着题的时候我会责怪她："你能不能等我写完这题再问我啊！"外婆就只好出去，过了一会儿，她端了一杯水轻轻地放在桌子上，没说话就出去了，我仔细想了想，外婆都五十多岁了，每天陪着我玩睡，关心着我，我却用这种态度对她，心里无比愧疚，我也很担心她的身体，但她还是毫无怨言地陪着我。

我最感激的人是对我来说最亲的人、最重要的人、帮助我最多的人！

我将会尽我最大的努力去回报您！

一路有你

陈秋子

你的存在，使我的小学生活更加丰富多彩。

小学的校园还是那么令人难忘。校园的两旁是成荫的绿树和排列整齐的花坛，小池塘中的鱼欢快地游着，一片生机勃勃。你的样子，也浮现在我的脑海里：个子并不是很高，脸上的痘痘摸起来凹凸不平，嘴里面镶了一副闪着银光的牙套，一头乌黑亮丽的短发，看起来令人耳目一新。

一次课间时间，我们俩和其他小伙伴一起追逐打闹时，我被花坛绊了一下，不幸擦伤了腿，你连忙跑了过来，二话没说搀着我就去找老师。我疼痛难忍，耳边回荡着走路时的沙沙声和呼呼的喘气声。没走多远你就撑不住了，我们俩都坐在大理石台阶上。我说要自己走，你却想了想，最后还是决定撑着我继续走。看着满头大汗的你，我不禁颤动了一下，看着那比我矮了一截的身影，仿佛是眉头上的汗滴流了下来，我的眼睛湿润了。

那几天里，天空阴沉沉的，就连偶尔出现的一点儿太阳光芒，都暗淡了几分。一连几次考试都没考好，我趴在桌上，两眼无光。一个人缓缓地走到我面前，拉来一张板凳坐了下来。

"怎么了，不舒服啊？"

"没有。"

"就知道你好得很，还在为考试生闷气啊！"

"嗯。"

"你怎么这么没出息呀，你是不是不想考好了！你这样有什么用呢？"

"我知道，可……可我就高兴不起来。"

"哎呀，没事，交给我了！记住啊，你以后有什么不会的尽管说出来，我帮你弄懂。"你拍着胸脯大声地说道。

我看着你，没有说话，默默地点了点头。你拍了一下我，然后帮我一起订正试卷上的错题。

接下来的时光，我们每次碰到难题都一起解决。关键地方只要你一点我就通了，有时候我们俩想了好长时间都攻克不了的，就一起去请教老师。在你的帮助下，我的学习重回了正轨。

我最孤单、最低落的时候，是你陪伴了我，是你给了我愉快的时光。

花开花落，起起伏伏，感谢一路上有你！

"妹妹"成"精"了

刘祥宏

来到城里上学以后，每天中午我都暂住在姑姑家。在这里，我遇到了理想的玩伴——"妹妹"。

说小，其实它也不小，只是因为它是萨摩耶，年龄小，体积大。初见它，是夏天。它懒洋洋地靠墙趴着，浑身雪白。两只三角形的小耳朵机警地支棱起来，骨碌碌直转的小眼睛散发出天真无邪又机智无比的光芒。至于"妹妹"这个名字，是姑姑帮它起的，并且还试图让它意识到我是它的"哥哥"！

它几乎不吃家中的狗粮，就算几天没吃东西已经饥肠辘辘，它也坚决抵制家中现成的狗粮。即使主人将狗粮端到它的嘴边，它也只是嗅嗅便将头扭到一边，任凭主人怎么叫它，它也不理。原因就是——家中狗粮品质不好，不合其挑剔的口味。于是，它将目标放在了邻居家。

邻居是一个阿姨，也养了一只狗，但狗粮比姑姑家中的贵得多。"妹妹"在午饭时间喜欢蹲在门前，一听到阿姨的脚步声渐近，便无比欢快地循着声音迎过去，绕着阿姨的腿蹭蹭，尾巴摇得如一团花，还激动地扑来扑去。待阿姨进门便也跟进去，二话不说轻车熟路地去吃狗粮，阿姨也慷慨地让它吃饱。除了这里，隔壁宠物店可口的猫粮它也照单全收，招数也类似，先用祈求的目光死死地盯着人，再"呜呜"地轻声叫着，人家就会心领神会，让它大快朵颐。

在它无聊时，一个毛绒玩具便可以使它两眼放光。"妹妹"的获得途径简单粗暴："抢。"当然不是明目张胆地抢，它每天晚上都熟练地去抓娃娃机的地方东张西望。一看到有人抓到娃娃了，它就会凑上去和别人套近乎，绕着人转转，摇摇尾巴，人们看见小狗，都会摸摸它，它也很亲密地舔别人的手。等混熟后，"妹妹"便伺机而动，趁人家不注意，叼过玩具就逃也似的往家跑，如一只离弦的箭，一下就没影了。人们望着它的背影，也都宽容地笑笑，就当送它了。

一抬头，"妹妹"调皮的身影又出现在眼前。有这样一只成"精"的小狗做伴，真是天大的美事。

数学狂人"元宵"

杨昊天

一次不算简单的数学考试。

灯光晦暗,众人正在抓着耳朵,挠着头发,对于正面的那几道填空题几乎陷入了无解。

突然一个声音破空而出:"我写完了。"

这位"技压群雄"的"绝世高人"就是——袁霄。

袁霄的脸很白,脑袋很圆很大,眉毛就像被画师轻描淡写用几笔扫出来一样。因此他获得了由他的名字谐音而得出的外号:元宵。远远望去,简直可以说是人如其名。

在数学考试中,往往会出现这样令人惊异的一幕:别人被数学卷子上的几道题缠得手足无措,他却在那里一边晃悠着他的大脑袋写作业,一边在那里轻松而得意地笑;别人在卷子即将收上去时发出如释重负的叹息,他却在那里为自己将晚上作业全部写完而满面春风,嘴角略略上扬的弧度中流露出了一丝愉悦的微笑;然而就是这样,在第二天卷子下发时,全班人陷入了一片叹息声,惨淡的迷雾在班级里挥之不去,而他却拿着自己将身后人甩得不知道有多远的分数一脸灿烂,同时在浸透羡慕而又嫉妒的目光中竭力忍住可能随时都要露出来的偷笑。

又是一次数学考试后，一个人找袁霄对答案，结果答案不一样。对于这位班上公认的数学"权威"的答案，当然不敢有丝毫轻视。于是那个人四处找人对答案，结果所有的答案都与自己一样，所以那个人慢慢有了自信，变得"有恃无恐"起来："好多人答案都和我一样，你应该错了。"那个人立马列出了几个答案跟自己一样并且平时数学考试稳居前几名的人的名字。可是袁霄依然像吃了秤砣一般固执己见。虽然几乎所有人答案一样，但其中仍有一些人惴惴不安：袁霄的答案，该不会真是对的吧。

这些人的料想在第二天数学老师来时得到了印证："昨天那道填空题，除了袁霄之外没有一个人做对！"还没等同学在震惊中回过神来，老师就报起了成绩："袁霄，100……"

自此，袁霄在全班成了连数学课代表都望尘莫及的"数学标杆"。考完试后，所有人都会跑到袁霄那里去对答案。如果答案一样，无论对错与否都会舒口气。

有一次，数学老师布置了一项有不少难题的数学作业，发下时全班气氛如同秋天花凋零般一片肃杀。我作业本也被老师用红笔打叉，满目狼藉。我无奈地借袁霄的作业来订正。果然，袁霄的作业全对，连一个半对都没有！

"老……老袁，这题你怎么解出来的？！"

"我做过原题。"

"那么这题呢？"

"我做过类似的。"

"还有剩下的这些题呢？"

"全都做过啊。"

自此，我才明白，袁霄优异成绩的背后，没有超出常人的智商与悟性，而是在于他的书包里总是装着一张张写满了思维的草稿纸。

又是一次数学考试，又是那个人发出来自信而又令人为之一震的笑声。

不靠谱的李立凡

陈秀丽

周一的早晨，再一次轮到我们班升旗。

可那似乎是一个比平时更加混乱的早晨，急匆匆地收作业，急匆匆地考试、收卷子。当终于赶到升旗台，两个主持人提到介绍升旗手的表时，李立凡恍然张大了嘴巴，不自在地摸了摸鼻头，说，忘带了。

好吧，李立凡同学又不靠谱了！

我们度过了一次尴尬的升旗仪式。

好不容易挨过去后，李立凡演讲，我们去广播站放东西，耳边响起李立凡被放大无数倍的声音，沉稳、有力、坚定，我不禁对着太阳微微一笑，演讲时的李立凡，终于靠谱点儿了。

李立凡同学，其实是班级的一张脸面，他那遒劲的行楷，书写的是班级的形象，他那沉稳的声音，展示的是班级的风采。

记得五年级时，学校举行过一次朗诵比赛，李立凡是我们班的负责人。

但无论是报名还是排练，班里同学的兴致都不高。放学要排练时，大家总喜欢在班上磨一会儿，记记作业，收收书包。下来早的，也是三三两两地谈天说地，折腾了半个多小时，这队伍好像怎么也排不好，最终就散了。

我也曾试图帮助李立凡组织队伍，可最后，嗓子都快喊哑了，队伍仍是一盘散沙，仿佛隔了天涯海角，怎么都只能遥遥对望。

一连两天，皆是如此。

我失望了。

但第二天，一个大课间，我从办公室回来，惊异地发现班前挤满了人，虽然仍如菜市场般吵闹，却已经有了队伍的雏形，我不由得眉头一挑，这是哪位大神的壮举？

满脑袋的问号促使我加快脚步，来到班前，看到了李立凡那胖嘟嘟的身体正艰难地在人群中挪动，发尖处隐隐看得到点点汗珠，双手不断地挥舞着，似乎在指着什么位置，眉头紧皱，在考虑着队伍的最好的排列方式似的。我余光一扫，看见了蔚蓝的天空和轻描淡写的白云，终不见两日前若有若无的乌云。

隔天便是周末，放学前，李立凡拿着稿子，郑重地对我说："你周末回去，一定要把稿子背熟。"

我收拾书包的手一顿，说道："一定。"

"如果可以，你最好找录音听一听、读一读。"

"好……"

"嗯，时间不早了，我去找其他人了。"说完，李立凡便去找其他人了。

几个星期后，比赛成绩出来了，我们是第一名。我明白，一切的荣耀都离不开李立凡的努力。在不靠谱的表面背后，还有他的认真努力。

"小老师"张彤扬

王明睿

"我一再强调,考试要考高分,不是考一点点分就行的。"

稚嫩中略带铿锵的声音传来,下课时疯玩的同学们立马呆住了,诧异地你看看我,我看看你,余老师,余老师?当同学们正四下寻找余老师的身影时,教室的拐角处又传出一阵大笑。哈!原来是我们班的"小老师"——张彤扬。

张彤扬身高五尺有余,体重略有超标。他的脸宛如一张抹好的面皮,平整光滑而富有弹性,点缀着两条粗眉,眼珠黑而明亮,笑起来时,额头上便会架起两条精致玲珑的拱桥,眼睛如同夜晚映入水中的月影,闪烁着皎洁清澈的光辉,脸颊还会浮现出淡淡的红晕,一幅憨态可掬的风景图便跃然脸上。

班会课上,余老师总是挤出一切时间教导我们,但同学们大多都忙着自己的事,要么偷偷地赶着手头上的作业;要么装作目不转睛的样子,实际上心早已穿过呆滞的目光飞至九霄云外;更有大胆者,悄悄用手遮住闭合的双目,打起盹儿来。唯有张彤扬双手执笔,抬头聆听,还不时记录着什么,或与余老师进行着眼神交流。

有一回熊晨辉上课捣乱,下课后张彤扬便来到他的座位旁,拍了拍他的桌子,瞪大了双眼,微皱着双眉,一根手指冲熊晨辉上下舞动,学着余老师的口吻:"作为学生,就要一身正气!你看看你,上课捣乱,你做得对不对呀!"

他的音调时高时低,还将"学生""捣乱"重重地说出,颇具余老师平时教育我们的风范。还没等熊晨辉和旁边的同学回过神来,张彤扬的嘴角便如扁长小船般裂开,眼眉如弯弯的小桥般拱起。一瞬间,大家都不约而同地被张彤扬滑稽的模样给逗乐了!

见识了张彤扬的幽默,再来看看他乐于助人的一面。

数学课上,同学们都在聚精会神地听课,唯独几个同学心不在焉地东张西望。这一切都被细心的张彤扬看在眼里。一下课便赶到其中一名同学身边,要求看看他的作业,可是那名同学一门心思想要出去玩。无可奈何的张彤扬又拿出自己的独门绝技,摆出余老师的气势,眉飞色舞地用其韵味十足的话语进行教导,模仿完毕,仍不忘送上招牌笑容。惹得那名同学哈哈大笑,也不好再拒绝,勉强答应。张彤扬连连点头,拍着那个同学的肩膀,胸有成竹地说:"你上课不认真听讲,肯定有很多知识点没弄懂,一定要把你教会。"

他翻开作业本,反复地看了几遍,理清了错因与重点后,说:"你看,这道题你自己验算一下,看对不对?"

那名同学皱了皱眉:"啊……"

张彤扬又埋头沉思了一会儿,执笔在草稿本上演算了几遍,将一些详细步骤与易错点写在纸上,再一一讲给那名同学听,不时伴以夸张但十分形象的动作,每当那名同学弄懂一部分,张彤扬晨便会送上可爱的笑容以鼓励。讲解完毕后,他凑近了些,关切地问:"懂了没?"

那名同学若有所思地点了点头:"懂,懂了,现在可以放我走了吧?"

但是张彤扬又按住了他的肩膀,要求那名同学再把思路重新讲一遍,那名同学断断续续地又把思路重新讲一遍,张彤扬还不时耐心地指出他的错误进行纠正。

是他，让我们在繁重的学业之余体验了一份快乐；是他，让我们深切感受到乐于助人的美好品德。这就是我们班的"小老师"——张彤扬！

咱班的"白痴圆"

王春莉

自从白板进入校园后，它就深受同学们的欢迎。于是，自然而然诞生了一个新的班级职务——白板管理员，大家选出人选之后，都戏称之为"白痴圆"。

瞧，圆圆滚滚的身材，白白的肤色，一双眯成一条缝的眼睛，一张常挂着酒窝的面颊，点缀着几处雀斑，这不就是我们班的白板管理员——"白痴圆"许昊哲吗？对于大家的调笑，他虽气恼万分，但也无计可施，数番挣扎否认之后，也就默认了这个"雅号"。

看！又有两个同学在玩白板了！只见他们挺立在白板前，对着白班指指点点，肆意挥洒着"墨水"，大有指点江山的豪迈之情。

忽然，一道身影疾步冲上讲台，"白痴圆"杀到。只见许昊哲一把拉出键盘，手指戳了两下，"叮"的一声，电脑锁定了。两位同学点白板、敲白板、拍白板、对着白板呐喊，却也一点儿用也没有。尝试半天无果之后，许昊哲大笑："小样，跟我斗！"而后扬长而去。

这就是令所有对白板有"非分之想"的人望而生畏的人。

记得白板刚安装好的时候，白板上需要的软件几乎没有。于是，装软件的事自然交给了许昊哲。

　　那几天里，许昊哲辗转各地，从家里下载、在学校下载，甚至到别的班去拷贝，终于把软件搞定了。老师露出欣慰的笑容，我心里也对他生出了几分钦佩。

　　"许昊哲啊，你快来帮我看看，这个课件怎么打不开？"科学吴老师在电脑上遇到了难题，立即召唤了许昊哲。

　　"这个……那我换个打开方式试试。"许昊哲挠了挠头，上前捣鼓一番后，下了结论："哦，这个要用Flash动画打开，但我们班电脑里好像没有这个软件。"

　　"那这样，你明天无论如何也要把它弄好！"吴老师大手一挥，直接下了死命令。

　　"这个——那——好吧。"许昊哲又挠挠头，无奈地接下了任务。

　　终于到了放学，我背上书包，正准备离开，忽然瞟到许昊哲正坐在讲台前。再定睛一看，他嘴角挂着微笑，眯成缝的眼睛紧盯着屏幕，手在键盘上飞速跳跃着，嘴里还念叨着："哦，原来是这样……嘿，嘿，我真聪明……"

　　第二天，课件顺利地运行，我不禁对许昊哲佩服得五体投地。

　　认真负责又精通电脑，这就是我们班的"白痴圆"——许昊哲。

"英语达人"郑昊

林 玲

"呃！郑昊，你疯了吧，这道题至于回答那么多吗？"

我回头扫了一眼后桌上平铺的政治试卷，不禁头皮发麻：那一笔一画都弯如钢丝般的字体密密麻麻地布满了一整张试卷。他却皱起眉头，扶了扶鼻梁上的黑框眼镜，用那低沉的声音不紧不慢地说道：

"本来就要答到这些点啊，这是本人的优秀品质，我列举的事例，从个人、社会再到国家，有利于贯彻落实社会主义核心价值观，最后，就题论题……"他的手指在那密布的文字上跳跃着，我和一旁的同学只好"相视苦笑"，得了，郑昊同志的老毛病，又犯了。

郑昊，本组英语组长，软软的头发趴在头上，让人有摸一摸的冲动。笑起来颇具特色，总是像女孩子一样捂住嘴巴，眼睛眯成一条缝。

"唉，我亲爱的小组员们，这是我在本学期检查你们的最后一篇课文了，你们伟大的英语组长很不舍啊！"早上，我刚迈入教室，便见他双手撑在自己的桌上，小小的眼睛不舍地盯着英语书，嘴里叹着气，头还不停地摇着。笑声还未出口，他便猛地抬头吼道：

"作业本！纠错本！身为我的组员，怎么能这么不自觉！交作业虽然是一个小事情，但是，它可以反应组员你的学习态度！"

每天早上，郑昊都要像催高利贷似的朝我们要作业，总之，习惯就好。

一节课后，英语听写。

这的确是个很可怕的事情，平日里许老师布置的"听写"，其实大部分人都是靠抄小抄而已，这不，死到临头，也没几个背的。

"真是的，背有意义吗？还浪费脑容量啊！"远处传来愤愤不平的声音。

"喂喂，看我的小抄！"有人得意扬扬的用胳膊肘捣了捣我，"知识点密布，体积也小，不易被发现！"

我虽然背了，但那么多单词、句型混在一起，答案估计也对不上，干脆趴在桌子上睡会儿觉吧。

背后被拍了拍，回头望见郑昊无比认真的双眼。

"你貌似挺闲的，抽我几题。"

我随意报出一个句型，几乎在同一瞬间，他报出了正确答案。果不其然，在许老师的批改下，他是少数合格的人。

没错，他看似很幸运，其实，正是因为他的付出，幸运之神才会眷顾他。

这，便是我们班的"英语达人"郑昊。

"体育达人"陈悦玲

杨文静

观众台上，我们班同学将一个短发女孩儿和她面前堆成小山一样

的奖品、奖状团团围住，争着抢着称赞她："哇，你好牛啊！""是呀是呀，跑得那么快，像箭一样就射出去了……""太、太、太厉害了"……我也挤在人群中，挤进他们的赞叹里。她却头一扬，咧开嘴嘻嘻笑着，甩了甩自己飘逸的短发跺了跺脚说："马马虎虎，还行吧。"

之前举行了好几场比赛，她几乎全参加了。跑道上的她犹如猎豹一般，迈着大大的腿，一步一步地踏在地上，平稳而有力；她的臂膀一伸一屈，颇有节奏；握成拳头状的手有力地挥动着。我站在跑道边，看着她像一道闪电滑过面前，在此起彼伏的欢呼声里，轻松甩掉其他选手。迎着初升的太阳，她顺滑的短发随风飞扬，一双明亮的黑眼睛里透着自信的光芒，脸上银豆似的汗珠闪闪发亮，像是在为她加油，使她直奔属于她的终点！真不愧为牛人！

看着她奔跑的样子，我猛地想起了一件事。那是一堂体育课上，老师因为有事，安排我们待在教室里。上课后，教室里开始热闹起来，同学们都在享受着这难得的轻松时光，却见她与几个同学离开了教室。不一会儿，我悠闲地看向窗外，只见她在楼下后操场，正与几个同学在一个老师的指导下进行跑步训练，操场上的她在不停地起跑、加速、冲刺，一个同样的动作，她会反反复复做上几遍、十几遍……室外的寒风呼啸，我不禁打了个哆嗦，伸手关了窗户……

一阵阵欢呼声把我的思绪又拉回了运动会上，只见她正手举着奖状向大家致意，微笑的面庞似乎在说：跑一百米、二百米，甚至八百米、一千米都不在话下，对于跑步，我志在必得。

看着她叱咤全场的样子，我又想起一次长跑测试。当时，她健壮的双腿迈着整齐有力的步子奋力向前，而我在她后面气喘吁吁，只看得见她一屈一伸的臂膀离我越来越远。测试结束时，我已累得一屁股坐在了地上做"老牛喘"。而她呢，在一旁轻松地弯着腰捶着腿，时不时跳到老师面前看看成绩表，发表发表自己的感言。等我抚着狂跳的小心脏稍稍平缓一些时，她早已蹦蹦跳跳地和同学聊天去了。当时，我的疑问充满了大脑：我似乎要跑断气了，她为什么会跑得如此之快而又如此地轻松呢？想起她一遍遍重复的动作，想起她操场上一圈圈奔跑的身影，我好像找到了答案。

运动会结束，几个六年级的同学在议论那个屡次拿奖的神秘的短发女孩儿，我忍不住走上前，骄傲地介绍："她，是我们班的'体育达人'——陈悦玲。"

小　　濛

王伟伟

灯还开着，班里又剩下小濛一人。

天色黯淡下来了，学校里的楼道里亮起了灯，放学后的喧嚣也渐渐小了下去。原本灯火通明的教学楼，只剩几间教室的灯在亮着。

楼道里，突然出现一个小个子，左手右手各提着一个有它半个个子高的水桶，身体因此而左右摇晃着，只顾向前跑去。

他就是小濛。小小的人儿，仿佛永远都生活在自己小小的世界里。小濛的脸，很扁，很大，还有中国大地特有的黄色；小濛的眼睛，没有那么神秘莫测，也没有那么居高临下，却总给人一种亲切的感觉。高兴的时候，嘴一咧，眼一眯，脸蛋两边红红的酒窝就露出来了。

六年级的时候，每次值日，我的组员都会问我："组长，我干什么活？"待他们三两下糊弄好之后，扫把一丢，拖把一扔，毛巾一甩，背上书包，跑出教室，在窗口朝你坏笑一声："组长，我走啦！"然后便一溜烟跑个无影无踪。小濛却不一样，他几乎从来不会问你，要扫哪些地，干哪些活。因为小濛基本上是看到活就干。其他组员不好好干活，小濛也不说，等他们走后，就安安静静地把他们没做完的活做完。因此在我们班，小濛可谓是个奇人，勤劳到你说不出话来，每次值日，他都是最后一个人走的。

夏天的时候，由于大扫除的缘故，小濛的脸上，灰尘与汗水总会浑然一体，以至于每次大扫除后，小濛的脸都会黑一圈。同学们一提到他，都会觉得小濛很不可思议。

前不久，又到我们组做值日。

"这样吧，小濛你就当杂工吧，想干什么就干什么，直接走也行！"对小濛的人品，没啥可怀疑的。

小濛没作声，只是点了两下头而已。

那天晚上，其他组员们三把两把扫完后，都走了，又只剩下小濛一人。

就是因为看不惯，小濛硬是把地给重拖了一遍，桌椅也重摆了一遍，垃圾又倒了一次。

和往常一样，那天晚上，小濛仍是最后一个走的。

我终于明白，扫地，值日，对小濛来说，并非同我们一样只是完成任务，而是一种习惯，一份责任，不仅是对班级的责任，更是对自己的责任。

冬风呼呼地吹着，教室里的灯，仍还没关。

"班里怎么又只剩下小濛一人？"

"他也太勤快了吧？"

"不可思议啊，颠覆了我的'传统观念'！"

同学们背着书包，在楼底下七嘴八舌地议论着。

我最佩服的人

马未然

"好的,我马上就到。"爸爸迅速拿起自己的衣服,麻利地穿上,还不忘用头夹着手机和电话那端的人保持通话。"砰"的一声,大门被用力地关上,门外隐隐约约传来了急促的"啪嗒啪嗒"的脚步声。我的爸爸,又加班去了。

爸爸其实是安静的,梳得很整齐的头发下面,是一副总是擦得亮晶晶的眼镜。但如果遇到要处理的事情,就会像是变了个人一样,总是那么雷厉风行。

原本,我们一家都爱静不爱动。但是自从爸爸知道我将来上初中以后,中考要考体育,便打算未雨绸缪,一心想要掀起家庭运动的潮流。时间印证了结果——原先躺在沙发上看电视、吃零食的我没有了,取而代之的是一个积极运动的少年。而这所有的转变,都是在爸爸的影响下出现的。虽然爸爸之前和我一样不爱运动,但是为了影响我,每天带头坚持拉上我一起跑步,还不厌其烦地一遍遍告诉我锻炼身体的重要性,渐渐地改变了我,我成了热爱体育课的学生。

叛逆期的到来,使家中变得不那么风平浪静,叛逆的我经常因为一些鸡毛蒜皮的小事闹得鸡飞狗跳。做事一向雷厉风行的爸爸看不下去了,使出了他的绝招——约谈。

怀着沉重的心情，抱着必死的决心，我走进了爸爸的房间。又忐忑不安地坐在爸爸面前，等待着暴风骤雨的来临。可谁知，爸爸一改平时的雷厉风行，椭圆的脸上挂着温和的笑容，和颜悦色地说："孩子，我们来谈谈。"

"嗨，有什么好谈的，青春期嘛，没办法的事情！"我随手拿起一本书，耸了耸肩，向爸爸摊开了手，不耐烦地脱口而出。听了这话，爸爸的脸色突然变得有些难看，愤怒冲进了爸爸的大脑，先前的笑容被愤怒湮没，梳得整齐的头发也似乎颤抖起来。我感到一场暴雨即将来临。

出乎意料，爸爸瞪大的眼睛渐渐恢复了正常，强压着火气慢慢说："对，我知道。但我们总要想一些办法，缓解这个局面。我相信你在看到这个家鸡飞狗跳时也很难受吧？"听了这话，我沉默不语。确实，每次吵完架后，我总是有些后悔。

爸爸在一旁安静地坐着，观察着我的表情，见我低头不语有些悔意。"趁你还心平气和的时候，我们先说好，以后有什么不称心的你就说，但不要吵架。好吧？""嗯！"我连忙点头答应。"说好了哦！"爸爸笑着回答到。简单的几句话，化解了我们之间的矛盾，也许这就是爸爸独特的地方吧。

雷厉风行的爸爸，在工作方面总是对自己要求很高，做事一丝不苟。而对于我，又有一丝特别的耐心。正是这丝耐心，化解了很多青春期萌发的我与爸爸的矛盾，我感受到了爸爸深沉的爱，也感觉到自己在慢慢长大。

外　婆

沈敏芳

正是夕阳西下的时分，院子里笼罩着金色的寂静，坐在冰凉的石阶上，手持着蒲扇，慢慢地摇着。风轻轻地吹着，树叶发出"沙沙"的声音，清凉的风吹在脸上，我停下摇蒲扇的动作，任由风吹乱头上的碎发。蝉声时不时地响起，而我的思绪不知飘到什么地方，开始回想着孩提时的夏夜……

那时，热气笼罩着房间，电风扇虽在呼呼地吹着，可吹在脸上的几乎是热风。电突然停了，原本就很热的我现在更热了，在床上翻来覆去地怎么也睡不着。门"吱呀——"一声，被推开了，朝门那边看看，只见你轻轻地从门外进来，又轻轻地带上门走到床沿。柔和的月光轻轻地洒下，借着月光，迷迷糊糊地看见，你的脸上透出焦急。你用手摸了摸我的额头，粗糙的手，青筋暴起，手背像枯树皮一样，裂开了一道道深深的皱纹，由于一生都在操劳，手心上已磨出几个厚厚的老茧，摩擦着我的额头，我感觉硬邦邦的，十分硌人。见我满头大汗，你便拉着我走向了院子。

你坐在石阶上，我靠着你仰面躺在石阶上，石阶上的几丝冰凉使我凉快了几分。夜，静极了，皎洁的月光轻轻柔柔地洒在松软的泥土上，整个院子显得格外宁静、清幽。阵阵清风吹过，吹动了树叶，发

出"沙沙"的声音，带来一股股泥土的清香，你手持着蒲扇，不时地为我扇着，有时扇得手酸，就换另一只手，轻轻地扇着。

见你手酸，我不忍心，便道："外婆，你别扇了，我自己来吧。"你用手轻轻地捏着我的鼻子，说："外婆不累，有的是精力，你快睡觉吧！"听了你的话，我高兴地点了点头。

月光潋滟，我的心放松了下来，似水中一根柔柔的水草，迷迷糊糊中，便睡着了。偶尔几次，被蝉鸣声惊醒，我睁开眼睛，看到的是你闭上眼睛，头靠着柱子，感觉到我醒来，连忙睁开眼睛，轻轻地用蒲扇扇风，手温柔地抚着我的脸，道："快睡吧，没事的，电来了叫你。"望着你的样子，我的鼻子酸酸的……

那晚，电并没有来，而你一直在我身旁，轻轻地扇着风。那一晚，我睡得十分地踏实。

触动心灵的那一幕

何心怡

无边暗夜之中，我们需要点点星光来照明，旅途茫茫之时，我们需要一盏航灯来指向，冰天雪地之境，我们需要一团篝火来取暖。

——题记

干涸的心灵漂泊无依，因为那甜蜜的一幕，感动的一瞬，心灵的泉眼重焕生机，又欢快地冒出汩汩清泉。

夜，降下来了。万家灯火，暗下来了，如练的月华流淌进窗来。

月光如水，可饮；流年似水，可悟。一切都归于平静，只剩我，灯一盏，月一轮，终究，敌不过困倦席卷全身，正待沉沉睡去，却又为水流激情碰撞的声音所惊醒。

母亲端着热腾腾的泡脚水进来了，不待我询问，她就麻利、迅速地褪去我的袜子，轻放于水中，刹那间，舒适的温度在脚底蔓延，而后直流而上，热度一直来到心间，热气腾腾扑着脸颊，淡淡的药草香包围着母亲和我，这种感觉，为何似曾相识呢？

小时候，母亲常和我一起洗脚，她担心我幼嫩的脚丫承受不了高温的不适，总习惯于将我的双脚置于她的大脚上，不致使我烫伤。我问她烫不烫，她总笑着说："我老啦，不怕烫的。"

当母亲的手再次触到我的脚背，攀上我的脚腕时，似有一股电流直击全身，母亲的手不停地把热水泼到我的脚上，激起阵阵幸福的水花。俯视母亲的脸颊，她的眼眶竟泛起了红色。我愣了，问她怎么了，我看见她用袖子拭去眼泪，猛然抬起头，说："没什么，只是想到你太累了，连一起洗脚的机会也没有，就只能帮你洗了……"那一刻，永远印在我的心上，我听到了心灵悸动的声音，又分明看到那一刹那母亲眼里住满了星星。

我在人生的路上踽踽独行，那感动心灵的一幕，让我不畏荆棘……

谢谢你，奶奶

吴云鹏

周五，夜色沉闷，映入眼帘的只有校门口的霓虹灯和那终年挺立的大松树。我看见在灯光交辉下，绿油油的针叶上不断有水滴滑落，我站在那儿，迎面拂来寒风中的往事。心中涌出的感激冲破暗的恐惧。

"合肥，阴转小雨，请出行时注意携带雨具。"

我背着书包，看着车窗外大雨滂沱，打在绿树、小草的身上。到站了，我沿着小路向家的方向迈步，机械般地向前走，任凭雨水从发梢滑落，全身瑟瑟发抖，只怪一大早忘了带雨伞，只好硬着头皮闯，挺直腰板，不管怎么说，不能失了颜面。拐弯处，一个老人撑着把不大的伞，手里还有一把。

"奶奶，"我惊讶地说道，"您在这儿？"

奶奶冲我笑笑，赶快把伞送到我手里，"大鹏啊！又忘了带伞，来，快打开，别淋着。"奶奶抹了抹我的头发，发出叹声。我看着她上半身潮湿的外套，跟着走回家。

我嫌奶奶走太慢，加紧了走，却又要停下了脚等她。她也有些急了，看我停下，加快速度，几乎是小跑着，从口袋掏出一把钥匙。我看着她伏着腰，深凹的褶皱如道道沟壑。

"哎哟，你走那么快干吗，你真是比小时候厉害多了，我把钥匙给你，你先去吧。"我却觉得没有小时候那么厉害。

又是那个天真的童年。

农村人就是忙，白天在地里忙不够，晚上还要摆家宴接着忙。应邀的奶奶带着我，她穿着一件颜色鲜艳的花大衣，我也披着神气的外衣。走到半路，我在一个台阶上赖着不走了，硬是要奶奶背，奶奶是不好意思拒绝也不好答应。毕竟她腰不好。可我在她背上只管乐了，她也跟着我笑。笑什么，又乐什么？不知道，就一直到家门口。

"不了，我跟着你走。"虽然拿过钥匙抓在手上，但跟在她旁边，一步，一步，看着她崭新的花大衣渐渐昏暗。我们一直到家门口，屋外雨依然在下。

突然，我觉得雨停了，周围有了花花绿绿的东西，抬头一看，原来有一把花伞，我一回头，高大的松树下，一个驼背的老人，冲着我微笑，灿烂笑容散入灯光中。

"呀，奶奶，您来了。"

我突然觉得，我压弯了奶奶的腰。多年的谢意无法以言语表达，只是觉得，该是一个男子汉挺直腰板的时候了。

看见桂花,我想起了你

　　桂花开,绽放了往日的回忆,那金黄的花瓣上缀着晶莹的露珠,这使我想起了你……

　　桂花已经凋谢,书页中的花朵也失去了光泽,一如辛劳一生的你,但芳香依旧。

自 习 课 上

刘思雨

"你别抢我本子啊！把本子还给我！"
"你说这题怎么写？"
"今天天真蓝啊！"……

虽然老师一再强调纪律，但班里依旧是吵嚷嚷的。值日班干部在讲台上拍了几次桌子，记了几个人的名字，课堂上的喧闹声依旧没有怎么收敛，反而似乎更嚣张了。

"安静！"不知道从何处发出了这个似乎有些魔力的声音。全班不知怎的突然安静了几分。

"安静！"这时声音离我已经很近了。全班的声音骤减，只有寥寥无几的声音在四周，若隐若现。

"安静！"声音已由后方一下子跃到了讲台上，全班顿时安静了下来，窗外的风在那儿"沙沙"地刮着。

转过头一看，却是王鸿睿站在讲台上，如一尊笑面佛，眼睛笑得有些弯曲，嘴巴在笑，鼻子在笑，甚至身体上的每一根头发、每一个细胞都在笑。他一动不动地站在那儿，身体有些发胖，我们似乎都被他的笑容震慑住了，一动也不敢动。

王鸿睿管理起班级可谓是得心应手，面对班级里的纠纷可以让双

方都心服口服，似乎没有什么处理能让同学有争议。

　　一天早晨，王鸿睿正在讲台上记录作业完成情况，突然一个同学在讲台边转了几圈，扭头望了一眼身后，没人在看他，于是一步跳上了讲台。在讲台上踱来踱去，有时又不安地向四周瞧瞧有没有人在看他，这时他突然三步两步走向了王鸿睿，又向后探了探脑袋，确信没有人在看他，便在王鸿睿耳边嘀咕了几句。

　　"不，不行。"

　　同学吓得向后退了几步，脸色惨白："我们不是好朋友吗？就帮我这一次吧！"

　　"不，不行！"

　　王鸿睿"唰"地一下站起来了，怒视着同学，脸涨得似乎有些发紫。

　　"我这次忘写作业又不是故意的，别跟吴老师讲好吗？"

　　"不，不行！"说完，王鸿睿就离开了。

　　哦！王鸿睿管理班级让人心服口服，他的秘诀就是"外举不避仇，内举不避嫌"。

　　又是一堂自习课，全班鸦雀无声。

奶奶的咳嗽声

李子睿

　　又是你的咳嗽声！

奶油瓜子

看着熟睡的你，我起身去帮你掖了掖被角，不忍叫醒你，我轻轻地走出房间，关上房门，便回房间睡觉了。耳边又传来了你轻轻的咳嗽声，可我已经不像原来那样抵触了，反而感到很亲切。

今天放学很晚，又下着雨，出了班门便感觉到凉飕飕的。校园里的灯都亮了，把校园的每个地方都照亮了，可是我的心却还是那么的昏暗。今天发了数学考试卷，我考得又不好，老师的责怪声，同学的嘲笑声仿佛还都在耳边……

出了校门，外面已经没有多少人了，少数等着孩子放学的家长，伸长了脖子往学校里望，马路上偶尔几辆汽车疾驰而去，连路边卖小吃的人也已经回家了。

我乘着公交车去你家，因为妈妈今天临时有事，所以我必须去你家，妈妈和我说时，我是有万分不情愿的。

我不喜欢你做的饭菜，总是那么的咸；你家的桌子上常年堆着灰尘，更不喜欢你那讨厌的咳嗽声。

不情愿归不情愿，我还是要去你家。到站后我裹紧了身上的羽绒服，向你家的小区走去。快到小区门口时，我看见一个人影在小区门口左顾右盼。

走近后我发现原来是你，你穿着单薄的衣服，手里还拿着一个热水袋，"真是会照顾自己。"我心里想，你站在昏暗的灯光下，朝着车站的方向望去，丝丝白发显得尤为耀眼。

看见了我，你便兴奋极了，朝我奔来，一把将热水袋塞给我，又笑着说："孙女，冻坏了吧！快用热水袋捂捂手吧！回家奶奶给你做好吃的。"我将热水袋放在手心，我便不冷了，明明天气那么冷，可热水袋依然没有凉，那一定是奶奶对我的关心吧！

回家的路上，奶奶执意要帮我背书包，我看着她穿着单薄的衣服，在昏暗的灯光下瑟瑟发抖，我问她："奶奶，你冷不冷？""不……不冷。"你明明是很冷的，可是你坚持要下来接我……

　　到家后，我一眼就看见了桌上的菜，全都是我喜欢的菜，"孙女，你现在先去写作业，我把菜热一下！咳咳咳……"你好像受凉了，一直在那儿咳嗽，便惹怒了我："咳什么咳，一天到晚就知道咳，冷不知道穿衣服吗？"随着我的一声吼，你便尽量不再咳了，偶尔几声也是轻轻的。

　　菜热好了，我便吃了。我看见你还在厨房里忙来忙去，我想招呼你出来也吃，可你却说："你先吃！过会儿我再吃。"我便不客气地吃了起来。当我快要吃完时，我听到从厨房里穿出来了一声刺耳的声音，"啪！"我心里一阵惊，大喊了一声："奶奶！""哎，孙女！"我连忙奔到厨房，看见了一地的碎片。你站在碎片中，还朝我微笑。"奶奶，你快出来，小心扎到脚！""没事，没事。"边说你还边用手捡。"奶奶，快放下，小心扎到手。"我眼疾手快地抓过一把扫把把玻璃碴扫到了旁边，并把你扶到旁边。你的眼睛已不再明亮，几缕灰白的头发垂了下来……

　　晚上，你执意要在房间里等我写完作业，可是你自己却先睡着了……

　　我回到了自己的房间，听到你那亲切的咳嗽声，看到你精心为我布置的房间。你知道我爱干净，所以你将房间打扫得很干净……

　　我打开门，屋内满是馨香，那是阳光的味道，那是你对我的爱……

　　奶奶，别担心，你老了，我会照顾你的，陪着你，听你说我儿时的事……

　　"咳咳咳！"奶奶的咳嗽声伴我入睡。

看见桂花，我想起了你

胡玉婷

桂花开，绽放了往日的回忆，那金黄的花瓣上缀着晶莹的露珠，这使我想起了你，我的奶奶。

奶奶爱花，牡丹、菊花、水仙花、依兰花、桂花等，都是她喜欢的。

我小时候很顽皮，总是折断奶奶精心培育出来的花，插在奶奶的头上，说奶奶是世界上最美的奶奶。奶奶从来不生气，只是一把抱起我说，我家孙子是最可爱的孙子。夕阳下的我们，一路幸福地笑着。

我想，等我长大了，我们一起再去看那满树的桂花，一定会更美。

奶奶记得我最爱吃蒸蛋，总是给我做，还说多吃点儿，长个儿。

奶奶端起了热气腾腾的蒸蛋，我便迫不及待地拿起勺子，轻轻地一舀，那嫩黄嫩黄的蒸蛋就嵌入了勺中，我等不及它凉透，便塞进口中，一口吞下，奶奶在一旁和蔼地笑着，总是说："慢点儿别烫着，没人跟你抢。"我舀一勺给奶奶吃，她头摇地跟拨浪鼓似的连说不吃不吃。我便埋头一个劲地吃，只听见那白色的勺子与青花小碗碰撞的叮当声。

现在想起来，奶奶哪里是不想吃啊，分明是不舍得呀，我想以后

我一定会亲手为奶奶做蒸蛋，让她感受到我对她浓浓的爱。

等我长成奶奶眼中最帅的小伙时，她的脸已经像晒干的橘皮一样干燥，双手布满了老茧凹凸不平，腰佝偻了，头发也白了。但是奶奶在我心中依然是最美的。

每次回家看望爷爷奶奶时，奶奶总是高兴地忙活着晚餐。

当月亮挂上了天空，一片幽蓝的幕布中，调皮的星星也隐在云层中，若隐若现。我们也开始了晚餐，奶奶忙着给我夹菜，问我学习、生活，却又突然想起什么似的，到里屋去找出来吃的给我。望着眼前大堆的食物，我哭笑不得，却又笑着一一吃下。奶奶在一旁也笑了，但已没有以前那么灿烂美丽了。

桂花已经凋谢，书页中的花朵也失去了光泽，一如辛劳一生的你，但芳香依旧。

世界上最美丽风景不是流光溢彩，而是奶奶脸上最灿烂的笑容。我想我长大之后，一定会去陪奶奶，陪她慢慢变老。

看见桂花，我想起了你，奶奶。

我的母亲

夏晶晶

你，一头长长的秀发，脸上总是挂着微笑，身材中等。你，就是我的母亲。

五年级时，为了接我从离家很远的学校回家吃午饭，刚从单位回家，你丝毫不敢耽搁，放下东西就掉头去学校。你把我送到家后，又马不停蹄地去厨房烧饭。有时正值夏天，每到吃饭时，脸上的汗珠几乎都要掉到肩膀上。

那天，我中午放学，等了好久都没有等到你，我便决定自己走回来。路途中必经两条马路。正当我快要到家门口时，突然听到有人叫我的名字。我四下张望，才发现你从学校的方向朝我赶来。"你可把我急死了！"你略带着喘气说，"我知道你走回来的时候可真担心。"我当时觉得好笑，心想：我这么大一个人了，自己走回来都做不到吗？可再扭头看你，你大口大口地呼吸着，眉头紧锁，两眼半眯着，脸颊也绷得紧紧的，我便有些后悔了，我真应该在学校多等你一会儿，不该让你那么担心的。到了家，你又走进了厨房……

母亲，您日复一日地接送我，不辞辛劳。我，要感谢您，感谢您为我的付出。

还有一次临近期末的时候，我有一本发的书找不到了。你知道了，二话不说就要去买。

"那本书也没什么，我找别人借着看看就行了。"我劝道，"你就别跑来跑去的了。"

"那可不行，买这书对你的学习很有帮助，你得多看看才行。"你严肃地说，同时已经跳上了电动车。

"没事啦，我看这书也就随便翻翻，况且我也能记住的。"

"你再多看两眼肯定有帮助的，好啦，别拦着我，我早去早回。"说着，你已经把门打开了。

你回来之后，跟我说没买到，明天再去看看。这时，我不想叫你再跑了，便劝道："没必要这么坚持吧。这学期要结束了，这书也快没什么用了，下学期就会有新的，而且这时候买这学期的书也很难了，你就别去了。"

你好像没听到，嘱咐我道："你明天问问老师，看在哪儿买，后天我给你带回来。"

第二天，我去问老师，老师告诉我别买了，书不怎么用了。你知道后，仍坚持要买书，自己去问老师。第三天晚上，你回来时手上多了一本书。我拿到后，感觉比老师发的亲切多了。到现在，我都坚持要留着这书。

现在，我终于明白，您头上的一根根白发，是为我而生；您额上的一滴滴汗水，是为我而流；您脸上的一道道皱纹，是为我而长。

有一天，我会长大，有一天，你会老去，任时光逝去，您的爱，我一定铭记于心！

妈妈的"回马枪"

吴浩淼

早餐桌上，我睡意蒙眬，眼睛昏沉沉的。吃着面包，心中暗想，过会儿再睡个"回笼觉"。

"儿子，今天，我有点儿事，要出去。你在家里好好待着，别玩电脑，把作业做完。"妈妈猛然冒出一句。

"哦！"我漫不经心地回答，但随即打了一个激灵，"什么？妈妈要出去？"我瞪圆双眼，狐疑地望着妈妈，脑子也变得清醒起来。

"怎么？有问题吗？"妈妈奇怪地看了我一眼，问道。

"没……"我连忙否认，生怕妈妈改变主意。不经意间，我瞥见妈妈眼里闪过一丝奇怪的光芒。

二十分钟后，我兴奋地目送妈妈出门，然后，站在阳台上，看她的身影消逝在巷子尽头。"咦？车子怎么还在下面？"盯着楼下的电瓶车，我想。平时，妈妈都是骑车出去的啊！我抓抓头，不再去想，快速地奔向电脑房。

　　"爽啊！"坐在电脑前，我先浏览一番网页，然后开始玩自己心爱的游戏，手里还拿着平日里被妈妈严管的零食。时间一分一秒地过去，我玩得越发投入，浑然不知"危险"正在一步步靠近……

　　"砰——"突然，我被一声关门声吸引，"什么情况？"跑到客厅一看，我脸色煞白。门前，妈妈正一脸铁青地看着我。"不是……下午才回来吗？现在，才十一点啊！"这时，在脑海中，浮现出妈妈出门前的眼神，我明白了：这是妈妈的"回马枪"！

　　"都说了不玩，怎么还玩？"妈妈冲我气愤地吼道。我不敢顶嘴，低头站着。"你怎么可以这样啊！说话不算数！"妈妈继续训斥我。我一脸羞愧，转过身，默默地走进房间。

　　中午，餐桌上，妈妈做了许多好菜，可是我吃不下。沉默了一会儿，妈妈叹口气说："儿子，妈妈今天是凶了一些，可你要理解啊！做人不要当面一套，背后一套。你看，小小年纪，就这样！……"以前，我十分迷恋电脑，以致成绩直线下降。妈妈苦口婆心地劝我好多次，可我就是管不住自己……

　　妈妈没再多说，径自走进厨房。我一个人坐在桌边，想着想着，心中很不是滋味。慢慢地，我明白了妈妈"回马枪"的用心，那是母爱的"回马枪"啊！

　　妈妈的爱，像一条鞭子，在我犯错时，不断地鞭策着我，教我如何做人。

我"恨"妈妈

许 粟

刚上小学时,妈妈总是给我报许多培训班:口才班、书法班、美术班、舞蹈班、英语班、钢琴班……一连串的名字让我目不暇接。每个双休日,课程排得满满的,我基本没有一点儿休息时间。哎,我变成了一台读书机器,无休止的补习,让我变得烦躁不安。

一天,上完书法班回家,一进门就闻到一股香味。"好儿子,妈妈给你烧好吃的了!""糖醋排骨,我最爱吃!"我高兴得手舞足蹈,顾不得斯文,就要伸手去抓排骨,妈妈捅了我后背一下,笑嘻嘻地说:"小馋猫,讲究卫生,快洗手去!"回到桌子上,妈妈已经给我盛好饭,夹了几大块排骨在碗里。我津津有味地吃着,妈妈又夹了几块,和声细语地对我说:"儿子啊,吃好,吃饱。看你这身体,精瘦,想不想长得壮实一点儿呀?"听妈妈这语气,我猛然警醒:天啊,这是不是鸿门宴呀?

我白了妈妈一眼,心里想:又要给我下套,我才不上当呢。于是我故意大声对妈妈说:"不想!有钱难买……"还没等我说完,妈妈的脸由晴转阴,生气地说:"有钱难买老来瘦,小屁孩儿,这话你也能说吗?"一向是我铁杆盟友的老爸,在旁边连声附和道:"对呀对呀,孩子就这样好得很,瘦点儿精神呀!再说只要饮食正常,孩子会逐渐长壮实的，你只要别再增报补习班，把孩子累坏就可以啦！"

老妈的脸沉得快要掉到地下，她知道下套没成功，索性就来硬的。只见她狠狠地一拍桌子，汤都被溅了一桌，她指着老爸鼻子，厉声道："你这样宠着儿子，他能成才吗？身体是本钱，不强壮行吗？别再啰唆了，赶紧报个跆拳道班！"

爸爸无奈地摇摇头，嘴里嘟囔着，朝卧室走去。我顿时没了胃口，把筷子狠狠地扔在桌上，跑进书房，锁门，躺在沙发上，两行辛酸的泪水流了下来，哎！妈妈呀妈妈，我真有点儿恨你！

隔墙，爸妈在激烈地争吵。

爸爸吼道："儿子是人，不是机器，你想累死他吗？"

妈妈尖叫着："累一点儿怎么了？吃得苦中苦，方为人上人！"

爸爸有些焦急，声音抬高了许多，近乎歇斯底里："你懂得教育孩子吗？长期补课就等于是车轮战，对孩子的身心都会造成严重损害，还会束缚孩子思维、压制他的个性发展……"

没想到爸爸还真有一套，渐渐地，一向强势的妈妈没了声音。

后来，妈妈果断地取消了几个课外班。而我，终于减轻了压力，增加了许多自由支配的时间，不过我并没有懒惰，妈妈那句"吃得苦中苦，方为人上人"的话一直铭刻在我脑海里，警醒我不要放松学习。

如今，我已是渐渐懂事，再回想起来，开始能理解和体谅妈妈的良苦用心，尽管有些做法不妥，但那份深爱，我又岂能去恨呢？

当母爱遭遇父爱

罗星宇

早上,妈妈走进房间,脸上带着微笑说:"儿子!来,吃饭啦!有你爱吃的烤肠哟!"洗漱完毕,坐到桌上,我大口大口地吃着妈妈做的烤肠,还有稠稠的米粥,香喷喷的鸡蛋。嗯,又丰富又美味的早餐!

我问妈妈:"爸爸呢?""又忙去了,真是的!一天下来,不知忙什么,也不陪陪我家大儿子,大帅哥!"妈妈一阵数落。"哎,我先去买菜,过会就回来。你吃过,碗放水池就行了,赶紧去房里看书。"妈妈出门前叮嘱道。可是,妈妈一出去,我胡乱喝了几口粥,就一溜烟出门玩去了。

小区门口有一棵大树,我突发奇想要爬树玩。刚爬到树顶,下面就窜出一个人来。他和我差不多高,一脸凶相,手里还拿着一块石头,大喊道:"小子!给我下来!不下来,我就砸死你!"我心里一惊,问道:"你谁啊?""我是刘明喜的小弟,你摔坏了我大哥的笔,我是来报仇的!"我没把他放在眼里,真的从树上爬下来。他立马扑上来,和我扭打在一起。他打我一拳,我踢他一脚,真个是难解难分。这时妈妈回来了,看到这情景,大惊失色,急忙怒喝道:"住手!你们在干什么?"我们为之一震,都松开对方。妈妈一把抓住那小子的胳膊，厉声问："你为什么打我儿子？"那小子脸都吓白了，支支吾吾地说："没什么，只是闹着玩，闹着玩的。"说完，一溜烟跑了。

妈妈惊魂未定，赶紧抓住我胳膊一起往家走。进门看见爸爸正歪在沙发上睡觉。

"爸爸你回来啦？"我小心翼翼地说，"爸爸你陪我玩一下吧！"

"不行不行，不要打扰我！"

我扫兴地走开，却忍不住自言自语："看来，你不想知道我打架的事了！"

"什么？你打架了？"爸爸立刻从沙发上跳起来，二话没说，拿起洗衣板就罚我跪下。

"快说，谁让你打架的？"爸爸声音低沉、阴森、威严，我被吓呆了，"哇"的一声大哭起来。

妈妈闻声赶来，一把抱住我，哄道："不哭，不哭！你是个男子汉哦！"她半抱半拖，将我送进房间，关上房门，紧接着，就传来客厅里爸妈激烈的争吵声。

哎，这一切都是因为我。其实，他们都是爱我的，可当母亲的溺爱遇到父亲的严爱，发生了矛盾，我该怎么办呢？

窗前的爱

钟睿玲

不知从何时起,每次上学,走到巷口回头,总能看见自家窗口探出妈妈的脸庞。她总是静静地目送我,直到我消失在巷子的尽头。

眨眼间,我已经上五年级了。这天,我写完作业,听着窗外的蝉鸣,突然一时兴起,想去公园捉知了玩。

迅速收拾好书包,我兴冲冲地对妈妈说:"妈妈,我作业写完了,让我出去玩会儿呗!"我原本以为妈妈会拍拍我的脑袋,慈祥地说:"去吧,玩会儿吧!"可没想到她竟然勃然大怒:"作业写完就万事大吉了吗?你钢琴弹熟了吗?英语单词都会默写了吗?你这贪玩的孩子!"妈妈像个机关枪似的朝我猛烈开火,越说越生气,顺手拿起桌子上的尺子,朝我打下来……我感觉自己就像公堂上受审的犯人,有冤无处申,一个躲闪不及,尺子打在身上,我哭着跌跌撞撞地冲出门外,激动地吼道:"暴君,我恨你!"

一口气跑到巷口,出于习惯,我回头向自家窗口望去,但这次,没有那个熟悉的面庞,只有窗玻璃折射出冷冷的青光!

我拼命地狂奔,发泄着心中的愤懑。穿过小巷,沿着车水马龙的街道一路往前,来到绣溪公园。

我斜靠在公园的长椅上,心里像打翻了五味瓶。闭上眼,刚才的一幕又浮现在眼前，妈妈那怒火中烧的眼睛仿佛在对我说："你这个不听话的丫头，我再也不爱你了！"

我"哇"的一声大哭起来——怎么办？怎么办？妈妈再也不爱我了！

不知哭了多久。树上的知了突然停住声嘶力竭的叫喊，四周渐渐静下来。我睁开眼，只见荷花池里一朵朵含苞待放的花骨朵儿，正挺直腰杆，坦然接受烈日的炙烤。一阵热风拂过，它们微微颔首，仿佛在说："孩子啊，你看我，只有经历烈日和高温的煎熬，才能完成华丽的转身，绽放出美丽的花朵！"

热风吹干我脸上的泪水，也吹醒了我的大脑。回想妈妈日日站在窗前目送我的情景，不由得为自己的不懂事而愧疚起来，我开始胡思乱想起来：花落还有再开的时候，燕子去了还有再来的时候，妈妈啊，你的爱还会再回来吗？

起身，忐忑不安地慢慢往回走，走到巷口，我急切地抬眼望向窗口——妈妈正落寞地站在那里。

突然，她也看到了我，焦虑的神情瞬间转变成惊喜，她打开窗户，挥动着双臂，大声呼喊我的乳名！

原来，妈妈的爱一直都在！

神奇的未来世界

徐小东

我无聊的时候，常常会畅想几十年后的未来世界。

早晨，闹钟一响，我从睡梦中醒来，穿好衣服后，开门走向大街。

天空已经不再是过去的灰色，而是纯正的蓝色。天空万里无云，太阳也比以前灿烂许多。街上干干净净，没有一点儿灰尘。偶尔有几辆轿车飞驰而过，不留一丝烟尘。天空突然略过一粒小黑点，样子好像一个飞着的板子。有几只狗跑过，留下"汪，汪"的叫声。

这个时候，人们已经将工业搬至外太空并几乎全部由机械手完成。因为采用了没有污染的发电方式，使得街道一尘不染，天空像刚被洗刷过一样。

在我的家门口放着一辆飞行车，像一块硬纸板一样，用单手都能提起来。直接往上一坐，车子直接会适应你的身体生成座椅，虽然摸起来很硬，但是坐上去就像坐到软床上一样舒服。系统识别到我以后，我说出目的地："带我去北京。"车子几乎瞬间识别我说的话，开始升高，到了一定高度，突然加速。我向下看了看，虽说高度不高，但是周围的景物全都模糊得成了一条条细线。我知道此时我座位下小小的飞行车的时速可能达到以前飞机的几倍，奇怪的是我虽然好

像前面什么阻挡都没有，但是却感觉不到一丝风。不出十分钟，就到达了目的地——北京。在之前，这段距离乘坐最快的交通工具也得四个小时啊！

在这个大城市，我还是可以感觉到乡村的宁静与整洁。

跳下了车，我一不小心摔了一下。站起来以后，我推了一下眼镜，突然在我眼镜的角落出现了几行字：

"北京郊区，十八度，微风，空气质量优。"

"北京景点：奥林匹克公园，距您十公里。"

"故宫博物院，距您二十三公里。"

"请用眼睛盯着您要去的地方，飞行车将立即将你送达。"

我用眼睛瞪着奥林匹克公园，两秒后，飞行车移到了我的身后。待我稳稳当当坐上那变形座位之后，不出两秒，我的车子仿佛被瞬间转移到了地下。一阵光掠过后，我重新回到地上，只见巨大的鸟巢伫立在我旁边。在这个时代，仿佛一切交通问题都得以解决。

跳下车以后，眼镜说："您的车将自动前往车库。"

我站在鸟巢旁边，眼镜关闭了所有窗口，所有风景任由我欣赏。阵阵凉风吹过，我感觉到在以前不会感觉到的放松。我沿着几十年前铺好的小道行走。突然，一阵震动"唤醒"了我："您的母亲喊你回家吃饭了！飞行车将于一秒后待命。"说着，飞行车自动带我回到了过去……

但愿未来是这样一个美好的时代。

井蛙之志

张智贤

画眉在井边的柳树上唱着婉转的歌曲,唱着唱着,口干舌燥。于是它蹦到井沿,伸出喙喝水。

一只青蛙从井壁一个凹坑上热情地打招呼,尽地主之谊。

画眉打了一个饱嗝,为了感谢小青蛙的好客,笑盈盈地和小青蛙唠嗑。

小青蛙也不受拘束了,蹦到井沿,对画眉姐姐说:"朋友们都笑我孤陋寡闻,没有什么学问,我要接受教训!姐姐,我购买了《语言学概论》《大学语文》《剑桥英语教程》《训诂学》等许多书籍。我想通过四年自学考试,拿到本科文凭。然后再读硕、读博。你看,我的自学计划都制订好了!"小青蛙应该是太激动了,它的肚皮涨得一鼓一鼓的,看样子真要发愤努力学习呢!

小青蛙滔滔不绝地讲述自己的伟大计划。画眉姐姐也给予鼓励,并表扬了它的进取精神。

它借来一套高科技潜水服,可以潜入井底安心看书。井底好呀,冬暖夏凉,是天然的环保空调。正当它读《江雪》"千山鸟飞绝,万径人踪灭"的时候,一只小蝌蚪过来找它玩。小青蛙想:"四年时间多的是,晚上再看吧。"到了晚上,小青蛙打开LED台灯,看《逻辑学》。这时月光洒到井里，星星调皮地眨着眼睛。小青蛙被天上的星星和月亮迷住了。结果，它把看书的事忘到九霄云外去了。脱去潜水服，蹦到井外，它觉得天空太神秘和美妙了。要是能长着翅膀飞到月亮上就好了，它一边想一边咂巴着嘴。

第二天，小青蛙刚睡醒，又被香喷喷的鲜花给迷住了，它再一次把看书的事给忘记了。一年之计在于晨，见鬼去吧。

就这样，它今日推明日，明日推后日。四年了，一页书也没看。

画眉鸟又在井边柳树上吟唱着《明日歌》："明日复明日，明日何其多。我生待明日，万事成蹉跎。世人若被明日累，春去秋来老将至。朝看水东流，暮看日西坠。百年明日能几何？请君听我明日歌。"歌声清脆悦耳，小青蛙羞愧难当，躲在井里忏悔，又拟定了新的计划。

有志者立长志，无志者常立志。小青蛙老毛病又犯了，又一个四年，别说取得本科文凭，连脱盲证都没有拿到。

画眉鸟一声叹息，拍打着翅膀，黯然飞走，从此再也没来到井边的柳树上唱歌了。

鸿 门 宴

徐雯瑞

自从那次狐假虎威后，狐狸人气急剧飙升，风头远远盖过老虎。老虎的威信一落千丈，连松鼠都敢戏弄他。老虎想想自己是百兽之

王，竟然被狐狸耍得团团转，落到如此不堪下场，颜面何存啊？

他越想越气，想找狐狸算账，可狐狸是何等狡猾呀！躲在洞里接受兔子等动物的朝拜。老虎无计可施，便找来自己的结拜兄弟：狮子、豹子和狼，同他们商量一定要想个法子挽回颜面，然后再除掉这个讨厌的狐狸。

一天早晨，老虎在山上找东西吃，又碰见上次那只狐狸在洞门口闭着眼晒太阳，心想：机会来了！他笑吟吟地走上前去和狐狸打招呼："狐狸小姐，你好啊！"狐狸没睁开眼，淡淡地说："是谁呀，这么早就给本王请安！"老虎热情地说："我是老虎呀！"狐狸一个激灵，从龙椅子上坐起来，看到老虎虔诚地给自己行礼，就端起架子，冷漠地说："哦，是老虎先生，有何公干？"老虎点头哈腰地说道，"今天我家来了几位远方的客人，特地请你去喝杯小酒。我买了几瓶茅台，还定了雪花鸡柳、玉米烙、可乐鸡等许多好吃的哦！"狐狸犹豫不决，但最终还是被老虎的甜言蜜语打动了，满口答应："好呀！"

中午，狐狸打扮得漂漂亮亮地来到老虎家。还没进门，就听见里面笑语喧哗，热闹得很。老虎看见狐狸来了，心里偷着乐，心想："来吧来吧，叫你做个饱死鬼，嘿嘿嘿嘿！"老虎现在也学会了虚伪，他满脸堆笑地把狐狸迎进客厅，并将她介绍给豹子、狮子和狗熊等重量级人物。这几个家伙把狐狸团团围住，假装亲热地说着体己话。

狮子说："哎呀，这位小姐身材真苗条！"

豹子说："这姑娘的皮毛好光滑呀！"

狗熊说："狐狸小姐细皮嫩肉，正好……"

老虎怕狗熊说漏嘴，赶紧一抱拳，就此打住。

狐狸听着这些奉承话，不禁飘飘然，于是便和他们推杯换盏，喝了一杯又一杯，渐渐地，有点儿醉了。老虎也喝了不少。

这时，老虎开始实施第一步计划。他板起脸，严肃地问狐狸："狐狸小姐，你现在老老实实说，你那次怎么就让众动物闻风丧胆，看见你来立刻溜得没影儿了？"

哪知狐狸酒醉心明，觉得脊背凉飕飕的，听到老虎话里有话，连忙向老虎抛了个媚眼，嗲声嗲气地道歉："哎！虎大王哎，其实那次是因为你在我后面跟着，动物们看见您来了才立刻逃命去了。我是借了您的威名才吓跑动物的！对不起啊虎大王，是我欺骗了你！是我不好！本来想负荆请罪，无奈那次受了惊吓，身体一直有病，你看，今天身体还不适，在晒太阳呢。"狐狸满脸的愧疚和诚恳，倒了一大杯酒，双手捧起，一口喝掉，然后笑吟吟地对老虎说："这杯酒是我向您赔不是！借此机会，请接受我最真诚的道歉！"

老虎正准备摔杯为号，一起瓜分狐狸的鲜肉。没想到狐狸唱了这么一出，老虎一下没反应过来，愣了半响，心想：狐狸小姐这副神情不会是对我有意思吧？若能娶到貌美如花的她，那多好呀！况且她这么诚恳道歉，我若再揪住她小辫子不放，那倒是失了大王风度，岂不让动物界耻笑？罢了，罢了，我大人有大量，做个顺水人情吧！于是他爽朗大笑，对众宾客说："哈哈哈哈，其实那天我和狐狸小姐拍戏呢！别当真哦！来来来，为我们的成功合作再干一杯！"老虎心里美滋滋的，觉得很开心，冤家宜解不宜结，多个朋友多条路嘛！

于是，一场鸿门宴瞬间瓦解。狐狸也很开心，临走时依依惜别，和老虎热烈拥抱，还献上甜蜜一吻。老虎陶醉了，命人打包了许多鸡腿、鸡翅给狐狸带上。

狐狸回家后，把食物分给兔子、狗獾、刺猬等臣民。这些小跟班感激涕零，纷纷问哪来这么多美食。狐狸露出狡黠目光，得意地说："老虎今天遇到我，吓得发抖，为求活命，进贡的！"

我家的"三国"

吴 楠

"三国"这两个字,在中国是老少皆知,但殊不知我家也有一个"三国"。

我爸爸是一家之主,所以,他当手握雄兵百万的曹操是再合适不过的了;我妈妈主管一家的财物,又是我家的主厨,所以,她应该是富甲一方的东吴孙权;而我呢,则是三国中最弱小的蜀主刘备,虽然我没有诸葛亮的辅佐,但我有两个锦囊妙计,也足使我称霸一方。

第一计是"空城计"。每到暑假的中午,家中就会发生一场"大战":妈妈强制我午睡,而我坚决不从。经过一番较量,终究胳臂拗不过大腿,我"乖乖"地躺在床上午休。不过,我佯装眯着眼,等妈妈前脚一迈出门槛,我就掀开被子,一骨碌起床,蹑手蹑脚地走到一个大柜子前,小心翼翼地打开柜子,拿出我小时候的大熊猫玩偶,轻轻地放在床上,再用被子将它蒙好,尽量把被子隆起,乍一看,就像我还在睡觉一样。侧耳倾听,隔壁"曹操"鼾声此伏彼起,即便他醒了瞥一眼我的床,也会被我的伪装骗过。"空城计"摆好之后,我悄悄地溜出家门,找我的几个小伙伴疯玩一场。当然,我必须掐准了妈妈回家的时间,在她回来之前溜回家,然后躺在床上装模作样地打呼噜,等妈妈叫醒我。这种方法屡试不爽,我好生得意。

常在河边走哪有不湿鞋。有一次，我回到家，轻轻地推开门，一眼就看见"孙权"那一双充满怒火的眼睛，我顿时顾不得男子汉大丈夫的颜面，低头求饶："主公，下次我再也不敢了！就饶我这一回吧！"妈妈听到这番软话，忍不住笑了，手一挥说："好吧，念你读书有功，饶你这一次吧。如若再犯，定斩不饶！"

第二计就是我的大绝招——"走为上计"。天下大势，合久必分，分久必合。当然，在这个"三国"中，"曹操"和"孙权"的关系也不是特别好，今天刚结盟，明天又爆发激烈的"战争"。我暗自好笑，但表面还得充当和事佬，在"曹操"和"孙权"之间斡旋、调解。然而，好心不得好报，我一出面，他们立刻停止"战争"，将矛头一致指向我，把我以前犯的错都一一抖搂出来，狂轰滥炸，合伙"讨伐"我。哎，看来国与国之间，只有永远的利益，没有永久的朋友啊。俗话说一人难敌二手，我看情况不妙，赶紧脚底抹油，逃往"成都"——我的卧室。直到他们和好如初，雨过天晴，我才敢再次现身。

你看，这就是我家的"三国"，一个别样的"三国"吧。

"不许笑"比赛

黄锐超

一个星期天的上午，我无聊地坐在沙发上，手握遥控器，不时换着电视频道。在房间里，爸妈各自捧着一部手机，正在看网络小说。

不一会儿，爸妈牵着手走到客厅，我阴阳怪气地说："你俩还亲热得很呀！怎么出来了哈！"妈妈说："手机没电，关机了。"爸爸走到跟前，对我说："儿子，我和你妈闲着没事，你给想个有趣的消遣？""好！一句话的事。"我随口回答："我们就举行一次'不许笑'比赛，怎么样？""行！"爸妈异口同声地说。于是，我宣布比赛规则：在晚上八点之前，谁笑的次数最多，就会受到"惩罚"，如何惩罚由获胜者来定。

　　时间过得比往常似乎慢了好多。一家三口在严肃的气氛中吃饭午休。午睡起来，我到厨房拿牛奶。一回头，就见老爸正伸出一双手，想要来挠我痒痒，见被我察觉，便装作拿牛奶的样子，转身离开。我顿时警惕起来，暗想，老爸肯定会杀"回马枪"的，千万要提防着。但过了半天，又不见他动静。我决定打探一下"敌情"，便蹑手蹑脚地走到门边，把头伸出去，见爸爸坐在沙发上，捧着报纸，正看得入迷。哈，正是"敌军"麻痹大意之际，此时不动手更待何时？我连忙蹲下身子，悄悄前移，到了老爸面前，突然站起来，把他吓了一大跳。可惜的是我自己忍不住，开心地大笑起来，爸爸也忍不住笑了。老爸提醒我笑了，我说老爸你也笑了。突然，老爸一把抓住我，准备挠我痒痒。我拼命挣扎，怎奈我人小力薄，逃不出"魔掌"：他用一只手摁住我，一只手不停地挠我胳肢窝，我笑得喘不过气来。

　　这时，老妈还在厨房洗碗，现在只有她一次没笑过了。我对老爸建议，我们要合作起来，把老妈搞笑。于是，我找到一个搞笑视频，爸爸请出老妈。老妈一看这视频就移不开眼珠子：一个小伙子在专心玩手机游戏，坐在一旁的妻子不时把一支冰棍塞到他嘴里喂他吃。他玩得入迷，舔舐一口，继续玩，再舔一口……突然他妻子把冰棒换成一只臭脚伸过去，他毫无察觉，照样舔一口，还美滋滋地咂咂嘴……看到这儿，老妈捂住肚子，"咯咯"笑起来。我和老爸互递一个眼神，哈，计划完美成功。

奶油瓜子

最终，统计比赛结果是，老爸和老妈各笑了一次，我笑了两次，所以，这次比赛"笑星"得主，非我莫属。爸爸打趣地说："'笑星'，请到你老妈处领取'奖品'。"老妈郑重宣布："本次奖品是——做一个月家务。"

"哇——"我一个趔趄，当场晕倒。爸妈同时大笑。哪知我一跃而起，郑重宣布："三人并列冠军。"

"哈哈哈哈……"笑声在客厅回荡。

马路上的天使

韩 放

六月的太阳火辣辣的，天气酷热难耐，路边的花花草草都耷拉着脑袋，马路烫得仿佛都能煎鸡蛋了。我身穿短袖短裤，坐在公园的长椅上乘凉，嘴里叼着根冰棒，感觉热得喘不过气来。

这时，我看见前方有一位环卫工人在捡垃圾。她身穿橘色工作服，头戴遮阳帽，脖子上围了一层薄薄的纱巾，手上戴着清洁手套，从头到脚没有一点儿皮肤露在外面。

她卖力地清扫着街边的垃圾，时不时地停下来擦擦满头满脸的汗，看上去很累的样子。干了一会儿活之后，可能是太累了，她坐到了我旁边的位子上，想休息一会儿。但是不知道为什么，她好像刻意在避开我，只在椅子上搭了个边儿，坐了很小的一块地方。我十分不解，便问她："奶奶，这边的空地很大，您可以坐在这里的，为什么要坐得那么不舒服？"老奶奶看着我，笑盈盈地说："我身上有味道，还是离你远一点儿好。"这时，远远地走过来一个小男孩儿，他一边走一边撕开雪糕的包装袋，随手就扔在了地上，明明垃圾箱就在前方不远处。老奶奶见状，赶忙起身要去捡。我抢先一步，连忙跑过去，捡起来放到了垃圾箱里。等我回到长椅上的时候，奶奶乐呵呵地直夸我是个爱护环境的好孩子。看到奶奶被热得满头大汗，我去小卖部买了两根冰棒，想和奶奶一人一根。但是没想到，奶奶再三推脱不想要，我硬是把冰棒塞到了她的手里，她才勉强接受了，还连连对我说谢谢。

　　我和奶奶坐在长椅上，一边吃着冰棒一边聊天。从聊天中，我得知奶奶已经六十多岁了，老伴儿早逝，儿子在外地工作，家里就她一个人。她闲不住，出来做些力所能及的事情，也能贴补家用。

　　这时我想到了自己，我在家里吹着风扇，吃着冰棒，过得潇洒又自如，但是年逾六旬的老奶奶却在零上三十度高温的天气里，持续在户外作业，即使有人在她面前乱扔垃圾，她也没有任何怨言，甚至会第一时间去捡起垃圾。和这位奶奶相比，我的生活简直太幸福了。

　　聊了一会儿后，老奶奶突然站了起来，嘴里叨咕着："到时间了，到时间了，小朋友，奶奶不能和你聊天了，还有一些垃圾没清理完呢。再见，孩子！"奶奶一边说一边走到了刚才工作的地方。看着那些路人们随意扔下的果皮、纸屑、烟头，老奶奶一边叹着气，一边清理着："唉，现在人们的素质啊……"

　　就这样，我坐在长椅上，看着奶奶把我眼前这一大片区域都清理得干干净净，我被她任劳任怨的样子深深感动了。正是千千万万老奶奶这样的环卫工人，是他们披星戴月、不畏烈日骄阳、不畏风霜雨雪的无私奉献，才有了干净、整洁的环境。环卫工人就是马路上的天使啊，他们为我们创造了舒适的生活环境，他们用自己的实际行动保卫着我们赖以生存的家园，他们是在平凡中孕育着伟大的人。

童年趣事

许克维

童年,就像光碟,把一件件趣事、囧事、伤心事都存储起来。无聊的时候,就用播放器,回放一下。而我最爱用的光碟,也是保存最好的那个光碟叫作"被棒棒糖砍死的小强"。

我是一个棒棒糖主义者。只要是和棒棒糖有关的事,我都会关注,总是掺和一下。别人让我帮忙,只要事后给我发糖,我基本都会同意。但不知什么时候起,我那宝贝心肝被糟蹋了,只剩下糖纸和小棒,而别处的糖却毫无动静。爸爸妈妈表示,此事与他们无关。到底是什么情况?

为了抓住这个小偷,今天,我要下血本,用一个珍藏的棒棒糖做诱饵,来生擒这个偷糖贼。我把糖放在客厅地板上,把灯关上,屏住呼吸,静静地卧在沙发的一角。过了好一会儿,还是没有动静,我的眼皮直打架,实在坚持不住了,便怏怏地睡觉去了。第二天一早,我发现糖不见了,谁偷走的呢?我百思不得其解。晚上,我如法炮制,在客厅拐角蹲守着。月光如水,透过阳台的玻璃倾泻在客厅地板上,家里安静极了。我的瞌睡又来了,就在我准备放弃的时候,一个幽灵出现了。从电视橱的底下,探出一个黑影,它有两把锯齿似的腿,左右张望了一会儿,见没有什么动静,就泰然自若地爬出来。嘿嘿,原来是蟑螂!等它靠近一些,我以迅雷不及掩耳之势地踩上一脚,蟑螂

纵身一跃，可惜没有命中。我打开灯，发现这个小家伙正在惊慌失措地四处乱窜，一会儿跃上电视机上，一会儿又蹦到茶几上，一会儿又跳到鞋柜上。突然，它猛地冲向阳台的玻璃门，也许是撞昏了脑袋，跌落在地板上。我快步走上前，又是一脚，踩中了它的一只腿。它迅速地挣扎，弄断了那条腿，迅速地跑进冰箱底下，任我怎么折腾，就是不出来。

我撕掉一个鞋盒围住冰箱底三方，用一根挠痒耙在里面捣鼓。螳螂深知无计逃脱，终于忍不住一瘸一拐爬了出来。我狠狠地踹了它的一只脚，这把锯齿断成两截。看着它痛苦地在那里蠕动着，我自言自语地说："哼，谁让你抢我的糖呢！不作是不会死的，这下你尝到苦头了吧！"我这样说着，怒从心中起，抄起棒棒糖对它身上一顿猛砸。这顽强的小家伙终于死了，我看着糖，喃喃地说："你为你的同伴报仇了。"我小心地用卫生纸把它包起来，同时又记起书上曾写过，蟑螂要用火烧，才能不让它的卵活下来。于是我把它放在废弃的瓷盘上，用火柴把纸点燃，静静地看着它变为一堆灰。

棒棒糖是我的最爱。为了棒棒糖，我可是大开"杀戒"了！

败给母爱

张宏伟

母爱是暴风雨下的港湾，在我遇到危险时能给我安慰；母爱是火炉里的燃火，在我寒冷害怕时能给我温暖；母爱是一把保护伞，在伞下我能感受到别样的安稳与舒适。

和母亲较量，每次我都赢。但在一件小事后，我才读懂了母爱，原来母爱是那么的伟大。

深秋的一早，我和妈妈就要坐车去外婆家。我忙活了半天，找衣服，搭配鞋子，最后决定穿一件单裤、一双网鞋配一件长衫。妈妈则在一旁唠唠叨叨的："才穿这么少！多穿点儿，今天可是降温了。"

"切，降不就降了，我倒要看看有多冷。"经过一番争辩后，妈妈说不过我了，自己套上一件大衣，系上围巾便要出发。"我可把话说在前，待会冻死了可别找我。""行了，行了，赶快走吧。"我不耐烦地说。

终于出发了，到了街上，一股寒风像刀子刮在我的脸上，钻入我的怀里，刺骨地疼。风呀，风呀，你咋这样无情呢？我有些后悔，还没走到一半的路，手冻得通红，不由自主地瑟瑟发抖。"唉，怎么了？"这突如其来的话使我一惊，可我不能说，说出来就输给妈妈了，"儿子，怎么样？叹什么气？是不是冷了？""不，一点儿都不冷，我凉快着呢，你别管我。"我牙齿直打架，可我嘴巴硬，死不说冷。

我和妈妈在站台等了一会儿，公交车终于来了，我想：公交车上应该暖和些，我赢定了。上了公交车，结果并不是我想的那么美好，感觉比外面还要冷。我坐在座位上，像一只刚出生的老鼠一样，身体萎缩在一起。突然一件大衣披了过来，紧接着一条围巾缠住我快僵硬的脖子，我顿时感觉温暖了许多。我转头看妈妈，眼神又慢慢转回大衣上，心里像有百万只小鹿乱撞一样。不认输的我依然不承认，一个荒唐的理由出现在我的脑里，我朝着妈妈说："穿这么多衣服，热死了。""也是，暂时给妈妈穿着，省得我拿着衣服不方便。"我还是赢了。公交车到站了，我尾随在妈妈的身后，只见她耳朵已冻得通红，嘴唇不时地哆嗦。我不禁低下了头，心里的小鹿撞得更加猛烈了。

从小到大，我都认为我赢了，原来我一直在输，输给了母爱。